POWER ARABIC CONVERSATION 2

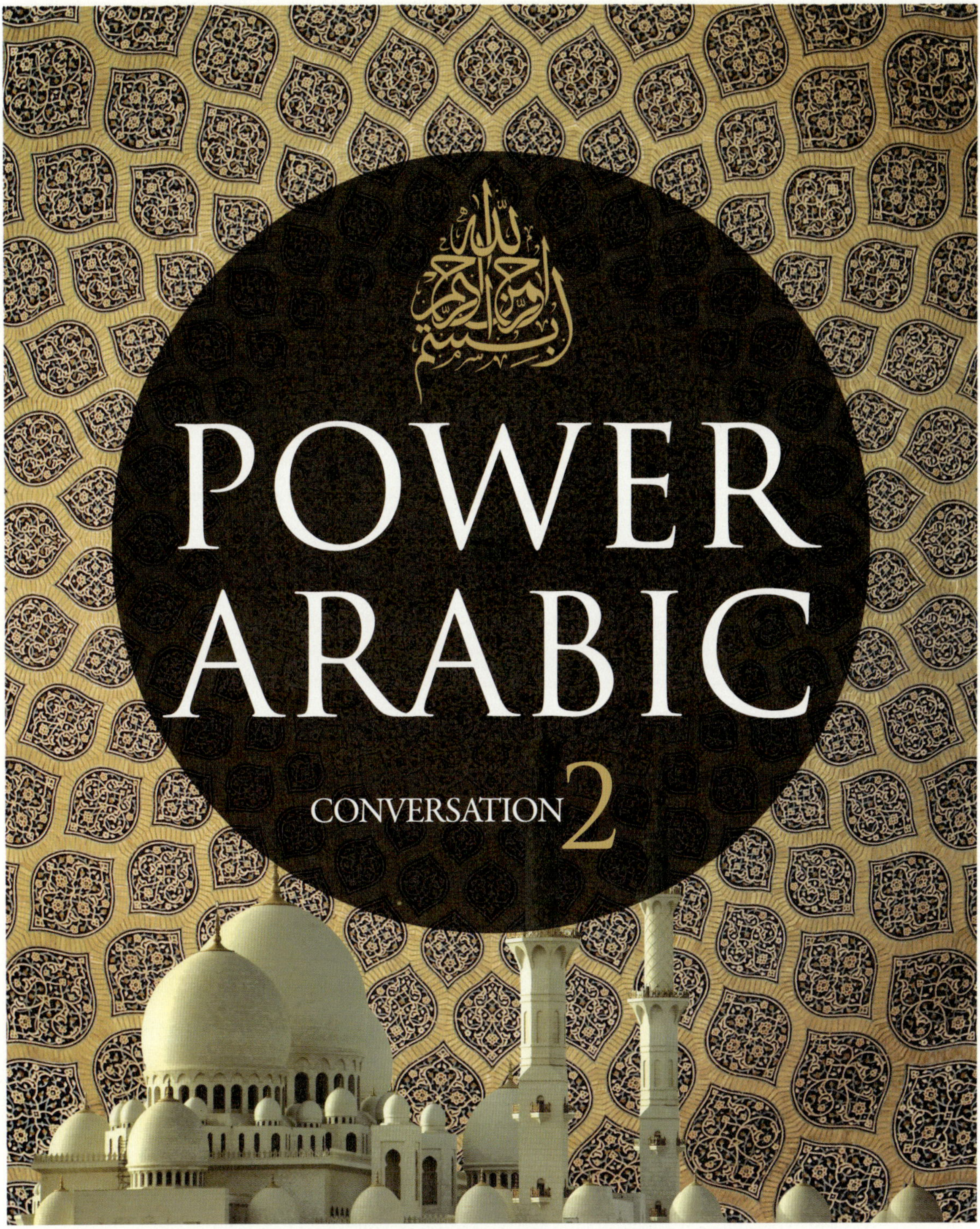

POWER ARABIC

CONVERSATION 2

Youngtae LEE, Abdulkareem Assad
Suwan KIM, Mohamed Elaskary

HU:iNE

* 이 책의 음원(mp3)은 한국외국어대학교 지식출판원 홈페이지(press.hufs.ac.kr)-게시판-자료실에서 다운받아 사용하시기 바랍니다.

المقدمة

يأتي الجزء الثاني من كتاب العربيّة السريعة ملبيا لحاجة طالب السنة الثانية ومنسجما مع ما تلقاه في الجزء الأول من الكتاب نفسه خلال السنة الأولى من حيث هدفه وتنوع منابعه ومنهجه وطريقة تأليفه مع اختلاف الموضوعات وتطور المادة اللغوية في نحوها وصرفها ومعجمها بما يتناسب مع مستوى الطالب، فضلا عن سعة مجال التدريب الذي يساعد على تطوير مهارات القراءة والكتابة والفهم لدى الطالب وإثراء معجمه اللغوي واكتسابه مزيدا من الخبرة في تعامله اللغوي مع المواقف المختلفة التي تنتجها الحياة المعاصرة.

وننبه إلى أن الوحدة الأولى من هذا الجزء من الكتاب كانت تمثل الوحدة الأخيرة في الجزء الأول منه، وما تزال معروضة في طبعته الأولى لكنها لا تدرس خلال السنة الأولى لأن الضرورة استدعت أن تضاف الى الجزء الأول وحدة أولية مختصة بتعليم الحروف والأصوات والمقاطع الصوتية للعربية. وهذا كان على حساب الوحدة الأخيرة من الكتاب، وخلال ثلاث سنوات من التجريب تبين أن الوقت المتاح في الزمن الدراسي لا يسعف بتدريسها للطلاب. ومن ثم لا بد أن يتم استيعاب هذا التعديل في الطبعة الثانية من الجزء الأول من الكتاب فضلا عن تصويب الأخطاء الطباعية التي احتوت عليها الطبعة الأولى.

ويظل هدفنا من تأليف الجزء الثاني من الكتاب هو نفسه الّذي كان مع الجزء الأول منه ، أن يكون هذا العمل إسهاما في هذا المجال الهام ونشر اللغة العربيّة بطريقة أفضل لكل الراغبين في تعلمها في بقاع الأرض من غير الناطقين بها، والله سبحانه الموفق.

المؤلفون

Preface

This is Part II of Power Arabic series which consists of 3 parts, Power Arabic 1, Power Arabic II and Power Arabic III. In Power Arabic II we continue with what we have started in Power Arabic 1. , Power Arabic II is intended for second year students, Intermediate level, and it builds on the conversations, vocabulary and drills we covered in Power Arabic 1. Students who studied Power Arabic 1, will find that we have taken the conversations, vocabulary and drills to a higher level and this is something that will help them develop their conversational, linguistic and lexicographical capabilities.

We would like to bring to your attention that Unit 2 in Power Arabic 2, was actually Unit 8 in Power Arabic 1. The reason is that that we introduced an introductory chapter (dealing with Arabic alphabet and phonetics) to Power Arabic 1. Nonetheless, we did not cover the 8 units in Power Arabic 1.

No work is complete, spelling and diacritical mistakes found in Power Arabic 1 have been corrected and avoided in Power Arabic II. We hope that this series will help non-native speakers and learners of Arabic would benefit from these books and that they would be able to understand and speak Arabic more comfortably and fluently.

Authors

Seoul

2015

Table of Contents

المحتويات

UNIT 1

الوحدة الأولى: في المدينة

- في محطّة المترو
- في سوق يونج سن
- في شارع جمال (صنعاء)

At the metro station

في محطّة المترو

حازم : إلى أين، يا شرين ؟

شرين : إلى جامعة القاهرة، وأنت، يا حازم ؟

حازم : أنا ذاهب مع صديقي عبد الرحمن إلى العتبة.

شرين : أهلاً عبد الرحمن، فرصة سعيدة.

عبد الرحمن : أهلاً شرين، أنا أسعد.

شرين : لماذا تذهب إلى العتبة، يا حازم؟

حازم : سأشتري قميصاً جديداً؛ الأسعار معتدلة هناك.

شرين : وأنت، يا عبد الرحمن ؟

عبد الرحمن : أنا ذاهب إلى "سور الأزبكيّة" لشراء بعض الكتب.

شرين : ولماذا لا تشتري من الجامعة؟

عبد الرحمن : الكتب في سور الأزبكيّة رخيصة جدّاً.

شرين : لماذا ؟

عبد الرحمن : لأنّها مستعملة.

شرين : وهل توجد كتب دراسيّة هناك أيضا؟

عبد الرحمن : نعم. وهي رخيصة أيضا.

حازم : لماذا لا تأتين معنا؟

شرين : آسفة، عندي محاضرة بعد نصف ساعة. ولكن كيف أذهب إلى هناك بالمترو؟

حازم : بسيطة ، محطّة واحدة من ميدان التحرير على الخطّ نفسه،
مخرج حديقة الأزبكيّة.

شرين : إذن ، سأذهب بعد انتهاء المحاضرة.

حازم : سنكون في انتظارك.

شرين : حقا ؟

حازم : بكلّ تأكيد. هل تشترين تذكرة ؟

شرين : لا ، معي بطاقة.

حازم : نراك هناك .

شرين : إن شاء الله.
في أمان الله.

Vocabulary

المفردات والتراكيب البسيطة

happier, luckier	أَسْعَدُ	metro	مِتْرُو
problem	مُشْكِلَةٌ ج. مَشَاكِلُ	entrance	مَدْخَلٌ ج. مَدَاخِلُ
visit	زِيَارَةٌ	exit; way out	مَخْرَجٌ ج. مَخَارِجُ
you(f.) take	تَشْتَرِينَ	change	تَغْيِيرٌ
Cairo University	جَامِعَةُ الْقَاهِرَةِ	line	خَطٌّ ج. خُطُوطٌ
AUC University	اَلْجَامِعَةُ الْأَمْرِيكِيَّةُ	card	بِطَاقَةٌ ج. ـــاتٌ، بطائق
text books	كُتُبٌ دِرَاسِيَّةٌ	station	مَحَطَّةٌ ج. ـــاتٌ
Azbakia Park	حَدِيقَةُ الْأَزْبَكِيَّةِ	plaza, square	مَيْدَانٌ ج. مَيَادِينُ
Tahrir Square	مَيْدَانُ التَّحْرِيرِ	park	حَدِيقَةٌ ج. حَدَائِقُ
huge park	حَدِيقَةٌ وَاسِعَةٌ	Attaba	اَلْعَتَبَةُ
Express bus	أُوتُوبِيس سَرِيعٌ	suitable, reasonable	مُعْتَدِلٌ
fresh fruits	فَوَاكِهُ طَازَجَةٌ	expensive	غَالٍ
Gang-Nam station	مَحَطَّةُ كَانْج نَمْ	used	مُسْتَعْمَلٌ
the same line	اَلْخَطُّ نَفْسُهُ	simple	بَسِيطٌ
the same station	اَلْمَحَطَّةُ نَفْسُهَا	fast	سَرِيعٌ

Expressions

الجمل والتعبيرات

where to?	إِلَى أَيْنَ ؟
Why do you (m.) go to Attaba?	لِمَاذَا تَذْهَبُ إِلَى الْعَتَبَةِ ؟
Why don't you (f.) buy books from the university?	لِمَاذَا لا تَشْتَرِي الْكُتُبَ مِنَ الْجَامِعَةِ؟
Really?	حَقًّا؟
Of course, did you(f.) buy the ticket?	بِكُلِّ تَأْكِيدٍ، هَلْ تَشْتَرِينَ تَذْكِرَةً ؟
How can I go there by metro?	كَيْفَ أَذْهَبُ بِالْمِتْرُو إِلَى هُنَاك؟
I'm going to Attaba with my friend Abdul Rahman.	أَنَا ذَاهِبٌ مَعَ صَدِيقِي عَبْدِالرَّحْمَنِ إِلَى الْعَتَبَةِ.
I'm happier than you.	أَنَا أَسْعَدُ مِنْكَ.
I will buy a new shirt, The cost is reasonable there.	سَأَشْتَرِي قَمِيصًا جَدِيدًا؛ الأَسْعَارُ مُعْتَدِلَةٌ هُنَاكَ.
I'm going to "Al-Azbakia Wall" to buy some books.	أَنَا ذَاهِبٌ إِلَى "سُورِ الأَزْبَكِيَّةِ" لِشِرَاءِ بَعْضِ الْكُتُبِ.
Books in "Al-Azbakia Wall" are cheap. Because they are used ones.	الْكُتُبُ فِي سُورِ الأَزْبَكِيَّةِ رَخِيصَةٌ جِدًّا لِأَنَّهَا مُسْتَعْمَلَةٌ.
I have a class after 30 minutes	عِنْدِي مُحَاضَرَةٌ بَعْدَ نِصْفِ سَاعَةٍ.
We will be waiting for you (f.).	سَنَكُونُ فِي انْتِظَارِكِ.

Language Practice

التدريبات

١. ترجم إلى العربيّة (تمرين شفهيّ عن المفردات والجمل، يشترك به الطلّاب كافّة)

٢. هات الأسئلة والأجوبة، مستخدما ما بين القوسين ، كما في المثال:

(كتب دراسيّة- رخيصة)
هل توجد كتب دراسيّة هناك أيضا؟ نعم، وهي رخيصة

١) (فنادق- حديثة وسعرها معتدل)

٢) (طعام عربيّ – لذيذ)

٣) (فواكه – طازجة)

٤) (حديقة – واسعة)

٥) (أوتوبيس – سريع)

٦) (قمصان- جميلة)

٧) (تذاكر – غالية)

٣. أجر التدريب الآتي مستخدما ما بين القوسين ، كما في المثال:

عندي محاضرة بعد نصف ساعة	(أنا – محاضرة – نصف ساعة)

١) (نحن – مباراة – ساعة)

٢) (هو – مقابلة – ربع ساعة)

٣) (أنتِ – لقاء – عشر دقائق)

٤) (هي – زيارة – أسبوع)

٥) (أنا – عمل – ثلاث ساعات)

٦) (نحن- رحلة – شهر)

٧) (أنتَ – محاضرة – خمس دقائق)

٤. أجب عن الأسئلة الآتية:

١) أين هذه المحادثة؟

٢) إلى أين ستذهب شرين؟ ولماذا؟

٣) إلى أين سيذهب حازم؟ ولماذا؟

٤) إلى أين سيذهب عبد الرحمن؟ ولماذا؟

٥) لماذا الكتب في سور الأزبكيّة رخيصة جدّا؟

٦) هل توجد كتب دراسيّة في سور الأزبكيّة ؟

٧) لماذا لا تذهب شرين مع حازم وعبد الرحمن؟

٨) متى تذهب شرين إلى سور الأزبكيّة؟

٩) من سينتظر شرين في سور الأزبكيّة؟

٥. استمع واقرأ :

١) الخطّ نفسه

٢) المحطّة نفسها

٣) الفصل نفسه

٤) الجامعة نفسها

٥) الأستاذ نفسه

٦) الأستاذة نفسها

٧) الشيء نفسه

٨) المشكلة نفسها

٦. أكمل الفراغ مستعينا بالمحادثة السابقة:

حازم : إلى أين، يا شرين ؟

شرين : إلى .... ، وأنت، يا حازم ؟

حازم : أنا .... مع صديقي عبد الرحمن إلى ....

شرين : أهلا عبد الرحمن، فرصة سعيدة.

عبد الرحمن : أهلا شرين، أنا أسعد.

شرين : لماذا .... إلى العتبة، يا حازم؟

حازم : سـ .... قميصا جديدا؛ الأسعار .... هناك.

شرين : وأنت، يا عبد الرحمن ؟

عبد الرحمن : أنا .... إلى "سور الأزبكيّة" لـ .... بعض الكتب.

شرين : ولماذا لا .... من الجامعة؟

عبد الرحمن : الكتب في سور الأزبكيّة .... جدّا.

شرين :لماذا ؟

عبد الرحمن : لأنها ....

شرين : وهل .... كتب دراسيّة هناك أيضا؟

عبد الرحمن : نعم . وهي .... أيضا؟

حازم : لماذا لا .... معنا؟

شرين : آسفة، عندي .... بعد نصف ساعة. ولكن كيف .... بالمترو إلى هناك؟

حازم : بسيطة ، .... واحدة من .... على الخطّ نفسه، .... حديقة الأزبكيّة.

شرين : إذن سـ .... بعد انتهاء المحاضرة.

حازم : سنكون في ....

شرين : حقا ؟

حازم : بكلّ .... ، هل تشترين .... ؟

شرين : لا ، معي ....

٧. أجر التدريب الآتي مستخدما ما بين القوسين ، كما في المثال:

هل تقطع تذكرة ؟	لا ، معي بطاقة	(أنتَ)

١) (أنتِ)

٢) (أحمد)

٣) (هي)

٤) (نحن)

٥) (فاطمة)

٦) (هو)

٨. أجر التدريب الآتي مستخدما ما بين القوسين ، كما في المثال:

يركب الخطّ الأوّل، مخرج حديقة الأزبكيّة. (هو-١- حديقة الأزبكيّة)

١) (أنت - ٣-٤)

٢) (أنت -٢-الجامعة الأمريكيّة)

٣) (هي - ٦- مدخل)

٤) (نحن -٢ - ٣)

٥) (فاطمة- ٧- ١)

٦) (أنا – ٥- ٣)

٧) (كريم -٨- مخرج)

٨) (ينزل – محطة كاتّام - ٩)

٩. أجر التمرين مستعينا بما بين القوسين، كما في المثال:

هو سيشتري قميصا وأنا سأشتري كتبا .　　　　(هو – قميص – أنا – كتب)

١) .... (هي - كتب – هو – قميص)

٢) .... (هم – فاكهة – هن – خضروات)

٣) .... (هما – قلم – هي – دفتر)

٤) .... (نحن – حقائب – أنتَ – أوراق)

٥) .... (أنتِ - سيّارة – أنا – دراجة)

٦) .... (أنتما – تذكرة – هما – سمك)

٧) .... (أنا وأنت – كتابا – هدى وسلمى – طعام)

٨) .... (أحمد وعثمان – شراب – عبد الله وعلي وناصر – لحم)

١٠. حول الجملة الى صيغة المثنى والجمع ،كما في المثال:

هذا الكتاب رخيص

هذان الكتابان رخيصان

هذه الكتب رخيصة

١) هذه الحقيبة غالية

....

....

٢) هذا الأوتوبيس سريع

٣) القميص جديد

٤) الفاكهة طازجة

٥) المطعم قريب

٦) المكتبة بعيدة

١١. هات الأسئلة والأجوبة، مستخدما ما بين القوسين ، كما في المثال:

(اشترى – كتاب – دفتر)

أ: هل اشتريت كتابا؟

ب: لا، لم أشترِ كتابا.

أ: وماذا اشتريت إذن؟

ب: اِشتريت قلما

UNIT 01

١) (زار – المكتبة – المتحف)

أ : ....؟

ب : ....، ....

أ : ....؟

ب : ....

٢) (قرأ – كتاب اللغة – قصّة)

أ : ....؟

ب : ....، ....

أ : ....؟

ب : ....

٣) (كتب – رسالة – الدرس)

أ : ....؟

ب : ....، ....

أ : ....؟

ب : ....

٤) (حضر – الحفل – المحاضرة)

أ : ....؟

ب : ....، ....

أ : ....؟

ب : ....

٥) (شاهد – المباراة – الفلم)

أ : .... ؟

ب : ......، ....

أ : .... ؟

ب : ....

٦) (أكل – الفطور – الغداء)

أ : .... ؟

ب : ......، ....

أ : .... ؟

ب : ....

١٢. هات الأسئلة المناسبة للإجابات الآتية:

١) .... ؟ لا، لن آتي.

٢) .... ؟ المكان مناسب.

٣) .... ؟ كنت هناك قبل ساعتين.

٤) .... ؟ أعرف المكان قليلا

٥) .... ؟ سأذهب بعد المحاضرة.

٦) .... ؟ هذا الكتاب لعليّ.

٧) .... ؟ هذه الحقيبة من فاطمة.

UNIT 01

١٣. أعد الجملة مع تغيير ما يلزم،كما في المثال:

أنَا ذاهِبٌ إلى "سُور الأزْبَكيَّةِ" لِشِرَاءِ بَعْض الكُتُبِ.
نحن ذاهبون إلى "سُور الأزْبَكيَّةِ" لِشِرَاءِ بَعْض الكُتُبِ

١) أنا وأنتَ

٢) هدى

٣) هدى وليلى

٤) محمّد وسالم وصلاح

٥) هدى وزينب وسعاد

٦) أنتِ

٧) أنتما

٨) أنتم

٩) أنتنّ

١٤. أكتب الدرس في دفترك

In Yong-San market

في سوق "يونج سن"

سويون : مرحبا وليد ، ماذا تفعل هنا ؟

وليد : مرحبا بكِ سو يون، أبحث عن "لاب توب" ماركة جيّدة.

وأنت ماذا تفعلين هنا؟

سويون : اِشتريت كاميرا جديدة.

وليد : مبروك.

سويون : الله يبارك فيكَ، أيّ مساعدة؟

وليد : نعم، ليس عندي خبرة كبيرة بالمنتجات الإلكترونيّة.

سويون : ما رأيك في ماركة سامسونج؟

وليد : سمعت أنها جيّدة، لكن غالية.

سويون : يمكن أن تدفع بالتقسيط.

وليد : حسنا، هيّا نرى.

(عند البائع)

سويون : بكم هذا الـ"لاب توب" من فضلك؟

البائع : بـ ١،٢٠٠،٠٠٠ ون (مليون ومئتي ألف ون).

سويون : هل السعر مناسب لك، يا وليد؟

وليد : نعم، مناسب جدّا، كم القسط الشهريّ؟

البائع : ١٠٠،٠٠٠ ون (مئة ألف ون).

وليد : هل يوجد ضمان ؟

البائع : نعم، لمدّة سنة واحدة.

وليد : موافق.

البائع : دفتر الحساب والبطاقة الشخصيّة، من فضلك.

وليد : تفضّل.

البائع : مبروك عليك ، مع السلامة.

وليد : شكرا. في أمان الله.

Vocabulary

المفردات والتراكيب البسيطة

guarantee,	ضَمَانٌ	laptop	لَاب تُوب
I agree	مُوَافِقٌ	brand; mark	مَارْكَةٌ ج. ـــاَتٌ
you (m./f.) do	تَفْعَلُ/ تَفْعَلِينَ	camera	كَاميرَا
I look for	أَبْحَثُ عَنْ	conglatulation	مَبْرُوكٌ
I bought	اِشْتَرَيْتُ	products	مُنْتَجَاتٌ
he blesses	يُبَارِكُ	electronic	إِلِكْتُرُونِيٌّ
I heard	سَمِعْتُ	cash	كَاش/ نَقْدٌ ج. نُقُودٌ
account book	دَفْتَرُ الْحِسَابِ	good	جَيِّدٌ
electronic products	مُنْتَجَاتٌ إِلِكْتُرُونِيَّةٌ	but	لَكِنْ
Monthly installment	قِسْطٌ شَهْرِيٌّ	pay in installments	تَقْسِيطٌ
ID card	بِطَاقَةٌ شَخْصِيَّةٌ	merchant	بَائِعٌ ج. ـــونَ
Unsuitable	غَيْرُ مُنَاسِبٍ	suitable	مُنَاسِبٌ
		I pay	أَدْفَعُ

Expressions

الجمل والتعبيرات

Do you need any help?	أيُّ مُساعَدَةٍ؟
What do you think about Samsung?	مَا رأْيُكَ فِي مَارِكَةِ سَامْسُونْج؟
How much is this laptop?	بِكَمْ هَذَا الْـ"لاَب تُوب"، مِنْ فَضْلِكَ؟
Is the price affordable to you, Waleed?	هَلِ السِّعْرُ مُنَاسِبٌ لَكَ، يَا وَلِيدُ؟
How much is the monthly payment?	كَمِ الْقِسْطُ الشَّهْرِيُّ؟
Is there any guarantee?	هَلْ يُوجَدُ ضَمَانٌ ؟
I'm looking for a good laptop	أَبْحَثُ عَنْ "لاَب تُوب" مَارِكَةٍ جَيِّدَةٍ.
God bless you.	اللهُ يُبَارِكُ فِيكَ.
I don't have much experience with electronic products.	لَيْسَ عِنْدِي خِبْرَةٌ كَبِيرَةٌ بِالْمُنْتَجَاتِ الإلِكْتْرُونِيَّةِ.
I heard that it's good but expensive.	سَمِعْتُ أَنَّهَا جَيِّدَةٌ، لَكِنْ غَالِيَةٌ.
You can pay in installments.	يُمكِنُ أَنْ تَدْفَعَ بِالتَّقْسِيطِ.
Good, let's see.	حَسَنًا، هَيَّا نَرَى.
Yes, there is a guarantee for one year.	نَعَمْ، يُوجَدُ ضَمَانٌ لِمُدَّةِ سَنَةٍ وَاحِدَةٍ. مُوَافِقٌ.
OK.	حَسَنًا.

Language Practice

التدريبات

١. ترجم إلى العربيّة (تمرين شفهيّ عن المفردات والجمل، يشترك به الطلّاب كافّة)

٢. اكتب الكلمة الّتي بين القوسين في مكانها الصحيح من الجملة، كما في المثال:

ماذا هنا؟ (تفعلين)

ماذا تفعلين هنا؟

١) كاميرا جديدة (اشتريت)

٢) عندي خبرة كبيرة بالمنتجات الإلكترونيّة (ليس)

٣) ما رأيك في سامسونج؟ (ماركة)

٤) الحساب والبطاقة الشخصيّة (دفتر)

٥) الكتب مستعملة ومناسبة (الأسعار)

٦) الأقلام جميلة وغالية (لكن)

٧) الطعام لذيذ (العربيّ)

٨) لم أكتب واجبي اليوم (المنزليّ)

٩) أحبّ السمك والأرز (المشويّ)

١٠) أتناول المشروبات في الشتاء (الساخنة)

٣. أجر التمرين الآتي مستخدما ما بين القوسين، كما في المثال:

اشتريت كاميرا مستعملة. (أنا)

(هو)

(فاطمة)

(نحن)

(علي)

(أنتَ)

(أنتِ)

(حاسوبا جديدا)

(ساعة)

(سيّارة)

(لاب توب)

(دفترا)

(حقيبة)

(بطاقة)

(تذكرة)

٤. أجر التمرين الآتي مستخدما ما بين القوسين، كما في المثال:

(ماركة سامسونج- جيّدة- غالية)

ما رأيك في ماركة سامسونج؟ إنها جيّدة، لكن غالية.

١) (الساعة - جميلة- ثقيلة)

؟ ،

٢) (الفاكهة الطازجة – لذيذة – غالية)

؟ ،

٣) (اللغة العربيّة – جميلة – صعبة)

؟ ،

٤) (المكتبة – حديثة – صغيرة)

؟ ،

٥) (سيّارتي – حديثة – لونها غير مناسب)

؟ ،

٦) (الحديقة – ممتعة – بعيدة)

؟ ،

٧) (الكاميرا- رخيصة – مستعملة)

؟ ،

٨) (اللاب توب- مناسب- قديم)

؟ ،

٥. أجب عن الأسئلة الآتية:

١) بين من ومن هذه المحادثة؟

٢) أين هذه المحادثة؟

٣) ماذا يفعل وليد في السوق؟

٤) ماذا اشترت سويون؟

٥) هل طلب وليد المساعدة من سويون؟

٦) ولماذا تساعده؟

٧) ماذا سمع وليد عن ماركة سامسونج؟

٨) كم سعر اللّاب توب؟

٩) هل السعر مناسب لوليد؟

١٠) كيف سيدفع وليد ثمن اللّاب توب؟

١١) كم القسط الشهريّ؟

١٢) هل يوجد ضمان؟ وما مدَّتُه؟

٦. أكمل الفراغ مستعينا بالمحادثة السابقة:

سو يون : مرحبا وليد ، ماذا ______ هنا ؟

وليد : مرحبا بكِ سو يون ، ______ عن "لاب توب" ماركة جيّدة، وأنت ماذا ______ هنا؟

سو يون : ______ كاميرا جديدة.

وليد : مبروك.

سو يون : الله ______ فيك، أيُّ ______ ؟

وليد : نعم، ليس عندي ______ كبيرة بالمنتجات الإلكترونيّة.

سو يون : ما ______ في ماركة سامسونج؟

وليد : سمعت أنها ______ ، لكن ______

سو يون : يمكن أن تدفع بـ ______

وليد : حسنا، هيا نرى.

(عند البائع)

سو يون : بكم هذا الـ"لاب توب"، من فضلك؟

البائع : بـ (______) ون (مليون ومئتي ألف ون)

سو يون : هل ______ مناسب لك، يا وليد؟

وليد : نعم، مناسب جدّا، كم ______ الشهريّ؟

البائع : ______ ون (مئة ألف ون)

وليد : هل يوجد ______ ؟

سو يون : نعم ، لمدّة ______ واحدة.

وليد : موافق.

البائع : دفتر ______ و ______ الشخصيّة، من فضلك.

وليد : تفضّل.

UNIT 01

٧. أجر التمرين الآتي مستخدما ما بين القوسين، كما في المثال:

(أنا-التقسيط - ١)
أدفع بالتقسيط والضمان لمدّة سنة واحدة

١) (هو- التقسيط - ٤)

٢) (هي- كاش - ٣)

٣) (أنتَ- كاش - ٥)

٤) (نحن - البطاقة - ٤)

٥) (أنا- البطاقة - ٧)

٦) (أنتِ- التقسيط - ٤)

٧) (فاطمة- نقدا - ٢)

٨. أجر التمرين مستعينا بما بين القوسين ،كما في المثال:

(الكتاب – ٤٥ درهما)
ثمن هذا الكتاب خمسة وأربعون درهما
(الكتب – ١٨٠)
ثمن هذه الكتب مئة وثمانون درهما

١) (القلم – ٥ دراهم)

٢) (الأقلام – ٤٥)

٣) (الكاميرا – ٢٥٠ درهما)

٤) (الكاميرات – 1,000)
(الحقيبة – ٦٤)

٥) (الحقائب- ١٩٢)

٦) (التذكرة – ٤٠٠)

٧) (التذاكر – 2,400)

٨) (الفاكهة – ٣٤)

٩) (الفواكه – ١٧٠)

١٠) (الحلوى – ١٥)

١١) (الحلويّات – ٧٥)

١٢) (الطعام – ٢٢)

١٣) (الأطعمة – ١١٠)

٩. أعد الجملة مع تعديل ما يلزم مستعينا بما بين القوسين،كما في المثال:

١) أنا أشتري كاميرا وأنتِ ماذا تفعلين هنا (أنا – أنتِ)

٢) (أنتِ- أنتَ)

٣) (أنتَ – هو)

٤) (هو – هيَ)

٥) (هم – هما)

٦) (هما – هم)

٧) (نادية وإشراق – نجيب ورامي)

٨) (أنتما – أنتم)

٩) (أنتنّ – هنّ)

١٠) .... (نحن – أنتم)

١٠. هات الأسئلة والإجابات مستعينا بما بين القوسين ،كما في المثال:

(السعر – تشتري – نقود)

أ : هل السعر مناسب لك؟

ب : نعم. مناسب جدا.

أ : ولماذا لا تشتري؟

ب : ليس عندي نقود

١) (الرحلة – تسافر – إجازة)

أ : ....؟

ب : ......، ....

أ : ....؟

ب : ....

٢) (الرياضة – تلعب – وقت)

أ : ....؟

ب : ......، ....

أ : ....؟

ب : ....

UNIT 01

٣) (السيّارة – تشتريها – خبرة)

أ : ؟

ب : ،

أ : ؟

ب :

٤) (السمك المشويّ – تأكل – مطعم)

أ : ؟

ب : ،

أ : ؟

ب :

٥) (الكتابة – تكتب – قلم)

أ : ؟

ب : ،

أ : ؟

ب :

٦) (الأفلام – تشاهد – سينما)

أ : ؟

ب : ،

أ : ؟

ب :

١١. أجر التمرين مستعينا بما بين القوسين، كما في المثال:

هذا هو الدفتر الذي اشتريته	(الدفتر)
هذه هي الكاميرا التي اشتريتها.	(الكاميرا)

١) .... (الساعة)

٢) .... (الساعتان)

٣) .... (الكتابان)

٤) .... (الأقلام)

٥) .... (القلمان)

٦) .... (القلم)

١٢. هات الأسئلة المناسبة للإجابات الآتية:

١) .... ؟ كنت أشتري لاب توب.

٢) .... ؟ لا أعرف أنّك ستأتي.

٣) .... ؟ أشتريته من ذلك المحلّ.

٤) .... ؟ بألف دولار تقريبا.

٥) .... ؟ لا، إنّه جديد.

٦) .... ؟ نعم. لديه مستعمل.

٧) .... ؟ بالتأكيد، سيكون أرخص من هذا.

٨) .... ؟ للأسف. لم تعد لديّ نقود.

١٣. اكتب الدرس في دفترك.

In Jamal Street (Sana'a)

في شارع جمال (صنعاء)

البائع : أسعار رخيصة، البنطلون بألف ريال، والقميص بستّ مئة ريال.

الزبون : أعطني بنطلوناً وقميصاً.

البائع : كم المقاس ؟

الزبون : البنطلون ٤٠ (أربعون) ، والقميص ٤٢ (اثنان وأربعون)

البائع : أيّ لون ؟

الزبون : البنطلون أزرق والقميص أبيض.

البائع : آسف، القمصان البيضاء نفذت.

الزبون : ما الألوان المتبقيّة عندك؟

البائع : عندي أحمر، وأسود، وأخضر، وأصفر، وبني، ومُقلّم.

الزبون : سآخذ المقلم. أين أجرّب؟

البائع : تفضّل، غرفة القياس هناك.

(بعد القياس)

الزبون : القميص مناسب لكنّ البنطلون ضيّق.

البائع : خذ هذا، مقاسه أكبر.

الزبون : شكرا، تفضّل الفلوس.

البائع : عفوا، نراك مرّة أخرى.

الزبون : إن شاء الله.

Vocabulary

المفردات والتراكيب البسيطة

yellow	أَصْفَرُ .f صَفْرَاءُ	pants, trousers	بَنْطَلُون ج. ــاتٌ
brown	بُنِّيٌّ	pants, trousers	سِرْوَالٌ ج. سَرَاوِيلُ
dark blue, navy blue	كُحْلِيٌّ	shirt	قَمِيصٌ ج. قُمْصَانٌ
ash-gray	رَمَادِيٌّ	blouse	بَلُوزَةٌ ج. ــاتٌ
riyal	رِيَالٌ ج. ــاتٌ	skirt	تَنُّورَةٌ ج. ــاتٌ
customer	زَبُونٌ ج. زَبَائِنُ	dress	فُسْتَانٌ ج. فَسَاتِينُ
size; measuring	مَقَاسٌ ج. ــاتٌ	shoes	حِذَاءٌ ج. أَحْذِيَةٌ
remaining	مُتَبَقٍّ	belt	حِزَامٌ ج. أَحْزِمَةٌ
narrow	ضَيِّقٌ	socks	جَوْرَبٌ ج. جَوَارِبُ
wide	وَاسِعٌ	hijab; veil	حِجَابٌ ج. حُجُبٌ،أَحْجِبَةٌ
money	فُلُوسٌ/ نُقُودٌ	coat	مِعْطَفٌ ج. مَعَاطِفُ
(it) sold out	نَفِذَتْ	hat	قُبَّعَةٌ ج. قُبَّعَاتٌ
I will take	سَآخُذُ	striped	مُقَلَّمٌ
fitting room	غُرْفَةُ الْقِيَاسِ	blue	أَزْرَقُ .f زَرْقَاءُ
bigger size	مَقَاسٌ أَكْبَرُ	red	أَحْمَرُ .f حَمْرَاءُ
cheap prices	أَسْعَارٌ رَخِيصَةٌ	white	أَبْيَضُ .f بَيْضَاءُ
striped shirt	قَمِيصٌ مُقَلَّمٌ	black	أَسْوَدُ .f سَوْدَاءُ
		green	أَخْضَرُ .f خَضْرَاءُ

UNIT 01

Expressions

الجمل والتعبيرات

What is the size?	كَمِ الْمَقَاسُ ؟
Which color do you want?	أيَّ لَوْنٍ تُرِيدُ؟
What colors are left ?	مَا الأَلْوَانُ الْمُتَبَقِّيَةُ عِنْدَكَ؟
A pair of trousers is 1000 riyals, a shirt is 600 riyals.	الْبَنْطَلُونُ بِأَلْفِ رِيَالٍ، وَالْقَمِيصُ بِـــ ٦٠٠ رِيَالٍ.
Give me a pair of trousers and a shirt.	أَعْطِنِي بَنْطَلُونًا وَقَمِيصًا.
I'm sorry, the white shirts are sold out.	آسِفٌ، الْقُمْصَانُ الْبَيْضَاءُ نَفِدَتْ.
I have red, black, green, yellow, dark brown and striped shirts.	عِنْدِي أَحْمَرُ وَأَسْوَدُ وَأَخْضَرُ وَأَصْفَرُ وَبُنِّيٌّ وَمُقَلَّمٌ.
I will take the striped one.	سَآخُذُ الْمُقَلَّمَ.
The shirt is suitable but the trouser is tight.	الْقَمِيصُ مُنَاسِبٌ لَكِنَّ الْبَنْطَلُونَ ضَيِّقٌ.
Take this trouser, its size is bigger.	خُذْ هَذَا الْبَنْطَلُونَ، مَقَاسُهُ أَكْبَرُ.

Language Practice

التدريبات

١. ترجم إلى العربيّة (تمرين شفهيّ عن المفردات والجمل، يشترك به الطلّاب كافّة)

٢. أجر التمرين الآتي مستخدما ما بين القوسين، كما في المثال:

(البنطلون بـ 1,000 - القميص بـ ٦٠٠)
أسعار رخيصة، البنطلون بألف ريال، والقميص بستّ مئة ريال

١) (المعطف بـ3,000- القميص بـ ٤٠٠)

..........، ....، ....

٢) (السروال بـ ٥٠٠- الحزام بـ ١٠٠)

..........، ....، ....

٤) (الحذاء بـ 1,200- الجوّارب بـ ١٠٠)

..........، ....، ....

٥) (التنّورة بـ ٧٠٠- البلوزة بـ ٨٠٠)

..........، ....، ....

٦) (الحقيبة بـ ٧٥٠- الحجاب بـ ٤٥٠)

..........، ....، ....

UNIT 01

٣: أجر التمرين الآتي مستخدما ما بين القوسين، كما في المثال:

(بنطلون - أزرق)

- أعطني بنطلونا.

- أيّ لون ؟

- أفضّل اللون الأزرق.

- آسف ، البنطلونات الزرقاء نفذت.

١) (قميص - أحمر)

؟

،

٢) (معطف- أبيض)

؟

،

٣) (حقيبة – رماديّة)

؟

،

٤) (قبّعة – سوداء)

؟

،

٥) (فستان– أخضر)

؟

،

٦) (بلوزة – كحليّة)

؟

،

٧) (جوارب – بنّيّة)

؟

،

٤. أجر التمرين الآتي مستخدما ما بين القوسين، كما في المثال:

خذ هذا القميص ، مقاسه أكبر	(أنتَ – أكبر)

١) .... ، .... (أنتِ- أكبر)

٢) .... ، .... (أنتما –أصغر)

٣) .... ، .... (أنتم- أصغر)

٤) .... ، .... (أنتنّ –مناسب)

٥) .... ، .... (هدى وسلمى- مناسب)

أخذتُ هذا البنطلون ، لونه أبيض	(أنا – أبيض)

١) .... ، .... (أنتِ- أحمر)

٢) .... ، .... (أنتَ – أصفر)

٣) .... ، .... (هو- أخضر)

٤) .... ، .... (هي – أسود)

٥) .... ، .... (نحن- رماديّ)

٥. أجب عن الأسئلة الآتية مستعينا بالمحادثة السابقة:

- - أين هذه المحادثة؟

- بكم البطلون ؟ وبكم القميص؟

- ماذا طلب الزبون؟

- ما مقاس القميص الّذي طلبه الزبون؟

- ما مقاس البنطلون الّذي طلبه الزبون؟

- ما لون القميص الّذي طلبه الزبون؟

- ما لون البنطلون الّذي طلبه الزبون؟

- هل وجد اللون المطلوب؟

- ما الألوان المتبقية؟

- ما القميص الّذي أخذه الزبون؟

- أين جرّب الزبون الملابس؟

٦. هات الأسئلة للأجوبة الآتية:

١) .... ؟ القميص ب ٥٠٠ ريال

٢) .... ؟ سآخذ القميص الأبيض.

٣) .... ؟ لا ، القياس غير مناسب.

٤) .... ؟ نعم. البنطلون ضيّق.

٥) .... ؟ في غرفة القياس.

٦) .... ؟ ليس عندنا معاطف

٧) .... ؟ لا، ليس عندنا معاطف.

٨) .... ؟ بلى، الأسعار هنا مناسبة

٧. املأ الفراغ بالكلمات المناسبة مستعينا بالمحادثة السابقة:

البائع : أسعار ______ ، البنطلون بـ ______ ريال، والقميص بـ ______ مئة ريال.

الزبون : ______ بنطلونا وقميصا.

البائع : كم ______ ؟

الزبون : البنطلون ٤٠ (______) ، والقميص ٤٢ (______)

البائع : أيّ لون ؟

الزبون : البنطلون ______ والقميص ______

البائع : آسف، القمصان البيضاء ______

الزبون : ما الألوان ______ عندك؟

البائع : عندي ______ ، و ______ ، و ______ ، و ______ ، و ______ ، و ______

الزبون : سآخذ ______ أين ______ ؟

البائع : تفضّل، غرفة ______ هناك.

(بعد القياس)

الزبون : القميص ______ لكن البنطلون ______

البائع : ______ هذا مقاسه أكبر.

الزبون : شكرا، تفضّل الفلوس.

البائع : عفوا، ______ مرّة أخرى.

الزبون : إن شاء الله.

٨. حوّل الجملة في "أ" إلى صيغتها في "ب" مع تغيير ما يلزم، كما في المثال:

أ : خذ هذا البنطلون، مقاسه أكبر.

ب : هذا البطلون خذه ، مقاسه أكبر

أ : تفضّل، غرفة القياس هناك

ب : تفضل، هناك ______

أ : القمصان البيضاء نفذت

ب : نفذت ______

أ : أريد البنطلون أزرق والقميص أبيض

ب : البنطلون أزرق ______

أ : سآخذ القميص المقلم.

ب : القميص ______

أ : تفضّل الفلوس

ب : الفلوس ______

أ : أين أجرّب القميصين؟

ب : القميص ______ ؟

أ : أين أجرّب القمصان؟

ب : القمصان ______ ؟

٩. أجب عن الأسئلة الآتية:

١) ما اللون الذي يعجبك؟

٢) ما مقاسك؟

٣) كيف تشتري ملابسك ؟ ومن أين؟

٤) ما الملابس التي تشتريها في الشتاء؟

٥) ما الملابس التي تشتريها في الصيف؟

٦) ما رأيك بأسعار الملابس في كوريا؟

٧) هل تحبّ الملابس الكوريّة أم الأجنبيّة؟

UNIT 01

١٠.هات الأسئلة المناسبة للإجابات الآتية:

١) .... ؟ لا، إنّه ضيّق قليلا.

٢) .... ؟ لدينا كلّ ما تريد من ملابس

٣) .... ؟ نعم. يمكن أن تدفع بالتقسيط.

٤) .... ؟ لا، إنّها المرّة الأولى التي أزور بها هذا المحلّ.

٥) .... ؟ عرّفني به صديقي

٦) .... ؟ الدّفع هناك ، عند المحاسب.

١١. أجر التمرين مستفيدا ممّا بين القوسين ، كما في المثال:

القميص اشتريته	(القميص)
القميصان اشتريتهما	(القميصان)
القمصان اشتريتها	(القمصان)

١) .... (الحقيبة)

٢) .... (الحقائب)

٣) .... (الحقيبتان)

٤) .... (الحذاء)

٥) .... (جرّب)

٦) .... (الحذاءان)

٧) .... (الأحذية)

٨) .... (المعطف)

٩) .... (المعطفان)

١٠) .... (المعاطف)

١٢. اكتب الدرس في دفترك.

UNIT 2

الوحدة الثانية : احتياجات

- في المستشفى
- في الفندق
- في المطعم

In the Hospital

فِي المستشفى

(نَبيل مريض ، لذلك ذهب إلى المستشفى ، وهناك استقبلته الممرّضة وحين جاء دوره، أدخلته الى غرفة الكشف ، فاستقبله الطّبيب):

نبيل : السّلام عليكُمْ

الطّبيب : وعليكم السّلام، مرحبا .أيْنَ تشعر بالألم؟

نبيل : منذ أمس بدأت أشعر بصداع وأعاني من ارتفاع درجة حرارة جسمي .

الطّبيب : منذ متى تعرّضت لذلك ؟

نبيل : من البارحة.

الطبيب : لا بأس عليك ، دعني أرى .

(يفحص الطّبيب درجة الحرارة ويفحص ضغط الدّم ونبض القلب)

الطبيب : لا تقلق ، فأنت مصاب بنزلة برد فقط .

نبيل : الحمد لله .

الطبيب : اذهب إلى غرفة الحقن لتأخذ حقنة .

نبيل : آه، لا أحبّ الحقن، هَلْ يمكنني تجنّبها؟

الطّبيب : إذا أخذت الحقنة ستشفى بسرعة، لهَذا خذ الحقنة، من فضلك .

نبيل : حاضر .وهل هناك دواء آخر.

الطّبيب : نعم .سأسجّل لك الأدوية المطلوبة، تشتريها من الصّيدلية، ثلاثة أنواع من الأقراص تتناولها في ثلاثة أيّام ، ثلاث مرّات في اليوم بعد الأكل بنصف ساعة. وإذا كنت تدخّن السّجارة فلا تدخّن خلال فترة العلاج، على الأقلّ، وتجنّب المشروبات الباردة.

نبيل : شكراً، مع السّلامة

الطبيب : في أمان الله.

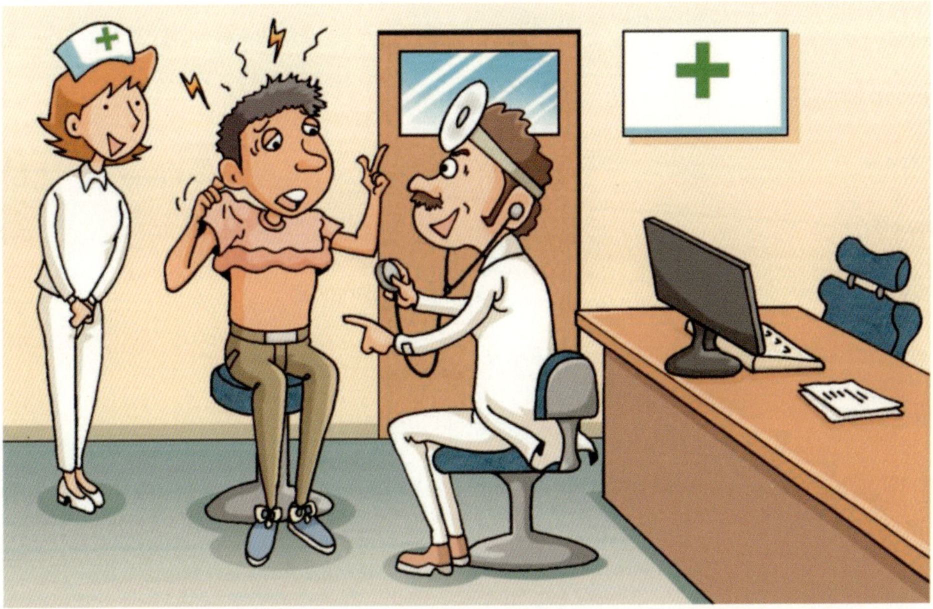

Vocabulary

المفردات والتراكيب البسيطة

type	نَوْعٌ	patient	مَرِيضٌ
sending	إِرْسَالٌ	nurse (m)	مُمَرِّضٌ
message	رِسَالَةٌ	nurse (f)	مُمَرِّضَةٌ
Clinic	عِيَادَةٌ	turn (n)	دَوْرٌ
yes, Ok	حَاضِرٌ	pain	الأَلَمُ
heal, recover	تُشْفَى	since	مُنْذُ
supervise	يُشْرِفُ	headache	صُدَاعٌ
stopped	أَوْقَفَ	Check up	كَشْفٌ
worry	تَقْلَقُ	infected/injured	مُصَابٌ
Check up room	غُرْفَةُ الكَشْفِ	cold	بَرْدٌ
cold	نَزْلَةُ بَرْدٍ	smoking	تَدْخِينٌ
high temperature	اِرْتِفَاعُ دَرَجَةِ حَرَارَةِ الْجِسْمِ	injection	حُقْنَةٌ
pharmacy	صَيْدَلِيَّةٌ	speed	سُرْعَةٌ
injection room	غُرْفَةُ الْحَقْنِ	required medications	أَدْوِيَّةٌ مَطْلُوبَةٌ
I suffer	أُعَانِي	when	حِينَ
must	يَجِبُ	tablet/pill	قُرْصٌ -أَقْرَاصٌ
avoid	تَجَنَّبْ	body	جِسْمٌ
took	أَخَذَ	having (blood/urine) test	إِجْرَاءُ تَحْلِيلٍ- إِجْرَاء فَحْصٍ

no problem, good	لاَ بَأْسَ	laboratory	مُخْتَبَرٌ
physician	اَلطَّبِيبُ الْمُعَالِجُ	clever, cool	مَاهِرٌ
prescription	اَلْوَصْفَةُ الطِّبِّيَّةُ	active, energetic	نَشِيطٌ
pain-killers	أَقْرَاصٌ مُسَكِّنَةٌ	sincere	مُخْلِصٌ
dentist	طَبِيبُ الْأَسْنَانِ	bottle	زُجَاجَةٌ
smoking cigarettes	تَدْخِينُ السَّجَائِرِ	foreign	أَجْنَبِيٌّ
lab technician	فَنِّيٌّ مُخْتَبَرٍ	gift/ present	هَدِيَّةٌ
entered	أَدْخَلَتْ	I record/ register	أُسَجِّلُ
feel	تَشْعُرُ	received/met/ introduced	اِسْتَقْبَلَتْ

Expressions

الجمل والتعبيرات

Where do you feel pain?	أَيْنَ تَشْعُرُ بِالْأَلَمِ؟
When did it happen?	مُنْذُ مَتَى تَعَرَّضْتَ لِذَلِكَ ؟
Can I avoid taking the injection?	هَلْ يُمْكِنُنِي تَجَنُّبُ الْحُقَنِ؟
Nabil is sick/ill.	نَبِيلٌ مَرِيضٌ
Nabil went to the hospital.	ذَهَبَ نَبِيلٌ إِلَى الْمُسْتَشْفَى
The nurse received Nabil in the hospital.	فِي الْمُسْتَشْفَى اِسْتَقْبَلَتِ الْمُمَرِّضَةُ نَبِيل.
When Nabil's turn came, the nurse took him to check up room; the doctor received him.	حِينَ جَاءَ دَوْرُ نَبِيل ، أَدْخَلَتْهُ الْمُمَرِّضَةُ إِلَى غُرْفَةِ الْكَشْفِ، فَاسْتَقْبَلَهُ الطَّبِيبُ.
Since yesterday, I started to suffer from headache and high temperature.	مُنْذُ أَمْسِ بَدَأْتُ أَشْعُرُ بِصُدَاعٍ وَأُعَانِي مِنْ اِرْتِفَاعِ دَرَجَةِ حَرَارَةِ جِسْمِي .
God bless you.	لَا بَأْسَ عَلَيْكَ
Do not worry.	لَا تَقْلَقْ
Let me see/ Can I have a look?	دَعْنِي أَرَى
You just have cold.	أَنْتَ مُصَابٌ بِنَزْلَةِ بَرْدٍ فَقَطْ .
The doctor examines (Nabil's) temperature and checks his blood pressure and heartbeat.	يَفْحَصُ الطَّبِيبُ دَرَجَةَ الْحَرَارَةِ وَيَفْحَصُ ضَغْطَ الدَّمِ وَنَبْضَ الْقَلْبِ

Go to the injection room to take an injection.	اِذْهَبْ إِلَى غُرْفَةِ الْحَقْنِ لِتَأْخُذَ حُقْنَةً .
I do not like injection.	لَا أُحِبُّ الْحُقَنَ .
If you take the injection you will recover quickly, for this take the injection, .please.	إِذَا أَخَذْتَ الْحُقْنَةَ سَتُشْفَى بِسُرْعَةٍ، لِهَذَا خُذِ الْحُقْنَةَ، مِنْ فَضْلِكَ .
Is there another drug/medication?	هَلْ هُنَاكَ دَوَاءٌ آخرُ؟
I will write down the required/needed medications for you.	سَأُسَجِّلُ لَكَ الْأَدْوِيَّةَ الْمَطْلُوبَةَ.
You buy medications/drugs from the pharmacy.	تَشْتَرِي الْأَدْوِيَّةَ مِنَ الصَّيْدَلِيَةِ .
Three types of tablets/pills which you will take for three days.	ثَلَاثَةُ أَنْوَاعٍ مِنَ الْأَقْرَاصِ تَتَنَاوَلُهَا فِي ثَلَاثَةِ أَيَّامٍ .
Take the medication three times a day half an hour after a meal.	تَنَاوَلِ الدَّوَاءَ ثَلَاثَ مَرَّاتٍ فِي الْيَوْمِ بَعْدَ الْأَكْلِ بِنِصْفِ سَاعَةٍ .
You must stop smoking; during treatment period at least.	يَجِبُ أَلَّا تُدَخِّنَ خِلَالَ فَتْرَةِ الْعِلَاجِ عَلَى الْأَقَلِّ
Avoid cold drinks.	تَجَنَّبِ الْمَشْرُوبَاتِ الْبَارِدَةَ

Language Practice

التدريبات

١. ترجم إلى العربيّة (تمرين شفهيّ عن المفردات والجمل، يشترك به الطلّاب كافّة)

٢. اكتب الصفة المناسبة في المكان الخالي ، كَمَا فِي المثال:

تناول المريض دواءه المطلوب.	مطلوب
١) فحص الطبيب	مريض
٢) زارت المستشفى طبيبات	مشهور
٣) لبست الممرِّضة المعطف	أبيض
٤) في المختبر فنِّيَّان	نشيط
٥) هؤلاء الطلّاب	مسافرون مصريّ
٦) كتبت الطالبات	الدرس أجنبيّ

٣. املأ الفراغ بما يناسب سياق الجملة :

سأكتب لكِ وصفة طبيّة فاذهبي إلى الصيدلية واشتري الدواء، من فضلك.

١) سأكتب لكَ وصفة طبيّة .... إلى الصيدلية و .... الدواء، من ....

٢) سأكتب لكُمَا وصفة طبيّة .... إلى الصيدلية و .... الدواء، من ....

UNIT 02

٣) سأكتب لكمْ وصفة طبيّة ______ إلى الصيدليّة و ______ الدواء، من ______

٤) سأكتب لكن وصفة طبيّة ______ إلى الصيدليّة و ______ لدواء، من ______

٤. أجب عن هذه الأسئلة بالنفي، كما في المثال:

هل تناولوا الدواء؟	لا، لم يتناولوا الدواء.

١) هل قرأت التقرير؟ ______

٢) هل كتبا الواجب؟ ______

٣) هل سافرت أمس؟ ______

٤) هل أخذوا الحقن؟ ______

٥) هل فحصتا المريضة؟ ______

٦) هل ذهبوا إلى الطبيب؟ ______

٧) هل تسلّمْنَ الدواء؟ ______

٥. أعد كتابة النص مع تغيير ما يلزم:

نَبيل مريض ، لذلك ذهب إلى المستشفى ، وهناك استقبلته الممرّضة وحين جاء دوره ، أدخلته إلى غرفة الكشف ، فاستقبله الطبيب.

١) نبيل وحسن ______

٢) نبيل وحسن وأحمد

٣) زينب

٤) زينب وسلوى

٥) زينب وسلوى وفاطمة

٦. هات الأسئلة والأجوبة مستخدما ما بين القوسين، كما في المثال:

(إجراء التحليل)
هل أجريت التحليل؟
لا، لا أريد إجراء التحليل.

١) (أخذ الحقن)

؟

٢) (دراسة اللغة العربيّة)

؟

UNIT 02

٣) (مشاهدة التلفزيون)

؟

٤) (شراء الحقن من الصيدليّة)

؟

٥) (مقابلة مدير المستشفى)

؟

٦) (الذهاب إلى المطار)

؟

٧) (قراءة الرسالة)

؟

٨) (السفر إلى القاهرة)

؟

٩) (إكمال هذا الموضوع)

؟

٧. حوّل الجمل الآتية إلى صيغة المثنّى والجمع، كما في المثال:

طالب كوري يدرس في المعهد.
هذان طالبان كوريّان يدرسان في المعهد.
هؤلاء طلّاب كوريّون يدرسون في المعهد.

١) فنيّ عربيّ يعمل في المختبر.

٢) مريض يذهب إلى المستشفى.

٣) أستاذ مصريّ يعمل في جامعة هانكوك.

٤) مهندس ماهر يشرف على المباني.

٥) بائع نشيط يعرض القمصان.

٦) صديق مخلص ينتظر في المطار.

٨. أعد الجمل الآتية مستعملا الكلمات التي تسمعها /بين القوسين، في مكانها المناسب، كما في المثال:

هاتان زجاجتان صغيرتان	(بنتان)
هاتان بنتان صغيرتان	(كبيرتان)
هاتان بنتان كبيرتان	(نشيطتان)

١) .... (ممرّضتان)

٢) .... (ماهرتان)

٣) .... (طبيبتان)

٤) .... (جديدتان)

٥) .... (مدرّستان)

٦) .... (مديرتان)

٧) .... (جيّدتان)

٨) .... (صغيرتان)

٩) .... (مهندستان)

١٠) .... (زجاجتان)

١١) .... (موظّفتان)

١٢) .... (أجنبيّتان)

٩. أعد الجمل الآتية، كما في المثال:

أريد إجراء هذا التحليل.	أريد أنْ أجري هذا التحليل.

١) أريد قراءة هذا الكتاب

٢) أريد بيع هذا القميص

٣) أريد إرسال هذه الهديّة

٤) أريد مقابلة مدير المستشفى

٥) أريد زيارة الطبيب

٦) أريد شراء تذكرة السفر

٧) أريد مشاهدة الفلم

٨) أريد زيارة حديقة سيول

٩) أريد السفر إلى بلد عربيّ

١٠. حوِّل الجمل الآتية إلى صيغة المثنى ، كما في المثال:

هذه فتاة مجتهدة	هاتان فتاتان مجتهدتان

١) هذه ممرِّضة نشيطة

٢) هذه رسالة طويلة

٣) حضرت طبيبة أجنبيَّة إلى المستشفى

٤) وجدت زجاجة صغيرة

٥) قرأت كتابا عربيًا

١١. هات أسئلة مناسبة لهذه الإجابات:

١) ؟ أريد إجراء هذا التحليل.

٢) ؟ تذهب بهذه الورقة إلى المختبر.

٣) ؟ سيحضر الطبيب بعد عشر دقائق.

٤) ؟ من الصيدليَّة.

٥) ؟ من الرابعة مساء حتَّى الثامنة.

٦) ؟ لا، لا يمكن التدخين.

٧) ؟ أشعر بألم في رأسي.

٨) ؟ أعاني من ارتفاع درجة حرارة جسمي.

٩) ؟ تناوله لمدّة ثلاثة أيّام، ثلاث مرّات يوميًا بعد الأكل.

١٢. هات الأسئلة والأجوبة مستخدما العبارات الّتي بين القوسين، كما في المثال:

(انتظار طبيب الأسنان ليس في العيادة /في المستشفى)

هل أنتظر طبيب الأسنان في العيادة؟

لا، لا تنتظره في العيادة.

هل أنتظره في المستشفى؟

نعم، انتظره في المستشفى.

١) (الاتصال بسامي ومصطفى ليس اليوم /غدا صباحا)

؟

،

؟

،

٢) (استقبال الضيوف ليس في الحديقة /في المكتب)

؟

،

؟

،

٣) (الذهاب إلى عمرو وسامي ليس في الشركة /في البيت)

؟

،

؟

،

٤) (مقابلة مدير الشركة ليس اليوم /يوم الاثنين)

؟

،

؟

،

٥) (تناول الطعام ليس في الطريق /في المطعم)

؟

،

؟

،

٦) (دراسة التقرير ليس في البيت /في الشركة)

؟

،

؟

،

١٣. أجب عن الأسئلة مستخدما الضمير ، كما في المثال:

هل أقابل شريفة ونبيلة في مكتبهما؟ لا، لا تقابلهما في مكتبهما.
(مكتب المدير) قابلهما في مكتب المدير.

١) هل آخذ الطالبات إلى السوق؟

(المختبر)

٢) هل أوقف السيّارة أمام الباب؟

(الموقف)

٣) هل أذهب إلى فاطمة ونبيلة في السابعة؟

(الثامنة)

٤) هل أقابل الطبيب اليوم؟

(غدا)

٥) هل أنتظر الطلّاب أمام البيت؟

(أمام الجامعة)

١٤. اكْتُبِ الدَّرْسَ فِي دَفْتَرِك.

بسم الله الرحمن الرحيم

In the hotel

فِي الفندق

موظّف الاستقبال : ما طلبك، يا سيِّدي؟

حسين : غرفة بسرير وحمّام ، من فضلك.

موظّف الاستقبال : آسف، توجد غرفة بسرير ولكن بدون حمَّام.

حسين : هل فيها تلفون؟

موظّف الاستقبال : نعم ، وهي مريحة ، وقريبة من الحمّام.

حسين : موافق، أريدها سبعة أيام، هل يقدِّم الفندق الطعام؟

موظّف الاستقبال : نعم، والمطعم هناك في آخر الممرّ.

حسين : ومتى الفطور، من فضلك؟

موظَّف الاستقبال : في الثامنة صباحا .لو سمحت، جواز السفر.

حسين : تفضَّل ، هذا هو جواز السفر.

موظَّف الاستقبال : متى تستيقظ في الصباح؟ هل نتَّصل بك ؟

حسين : نعم ، في الساعة السابعة ، وأريد فنجان شاي.

موظَّف الاستقبال : تفضَّلْ المفتاح .غرفة رقم 63، الدور الثالث ، والمِصعد على اليمين.

حسين : شكرا

موظَّف الاستقبال : عفوا، وستصِلك الحقائب حالا.

Vocabulary
المفردات والتراكيب البسيطة

bed	سَرِيرٌ	cup	فِنْجَانٌ
toilet/ bath	حَمَّامٌ	elevator/lift	مِصْعَدٌ
comfortable	مُرِيحَةٌ	soon	حَالاً
corridor	مَمَرٌّ	tree	شَجَرَةٌ
ok, agree	مُوَافِقٌ	milk	حَلِيبٌ
architecture	عِمَارَةٌ	hot	سَاخِنٌ
useful	مُفِيدٌ	fruits	فَاكِهَةٌ
beach	شَاطِئٌ	salads	سَلَطَةٌ
garden	حَدِيقَةٌ	vegetables	خُضَارٌ
hall	صَالَةٌ	tourism	سِيَاحَةٌ
sweet/candy	حَلْوَى	he offers	يُقَدِّمُ
meat	لَحْمٌ	wakes up	يَسْتَيْقِظُ
please	لَوْ سَمَحْتَ	call/ contact (imp)	اِتَّصِلْ
third floor	الدَّوْرُ الثَّالِثُ	pass	يَمُرُّ

Expressions

الجمل والتعبيرات

How can I help you , sir?	مَا طَلَبُكَ، يَا سَيِّدِي؟
Is there a telephone [in the room?	هَلْ فِيهَا تِلِيفُون؟
Does the hotel provide food?	هَلْ يُقَدِّمُ الفُنْدُقُ الطَعَامَ؟
When is breakfast, please?	مَتَى الفَطُورُ، مِنْ فَضْلِك؟
Can we call you (give you a wake-up call) in the morning?	هَلْ نَتَّصِلُ بِكَ فِي الصَّبَاحِ؟
Can I have your passport please?	لَوْ سَمَحْتَ، جَوَازَ السَّفَرِ.
I want a room with a bed and a toilet, please.	أُرِيدُ غُرْفَةً بِسَرِيرٍ وَحَمَّامٍ ، مِنْ فَضْلِكَ.
There is a room with a bed but without toilet/bathroom.	تُوجَدُ غُرْفَةٌ بِسَرِيرٍ وَلَكِنْ بِدُونِ حَمَّامٍ.
The room is comfortable, and close to the toilet.	الْغُرْفَةُ مُرِيحَةٌ ، وَقَرِيبَةٌ مِنَ الْحَمَّامِ.
.I agree	أَنَا مُوَافِقٌ.
I want the room for seven days.	أُرِيدُ الْغُرْفَةَ سَبْعَةَ أَيَّامٍ.
The restaurant is there by the end of the corridor.	الْمَطْعَمُ هُنَاكَ فِي آخِرِ الْمَمَرِّ.
Here you are, this is the passport.	تَفَضَّلْ ، هَذَا هُوَ جَوَازُ السَّفَرِ.
I want a cup of tea.	أُرِيدُ فِنْجَانَ شَايٍ.
Here is the key.	تَفَضَّلِ، الْمِفْتَاحَ.
Room number is 63.	الْغُرْفَةُ رَقْمُهَا 63.

The room is on the third floor.	اَلْغُرْفَةُ فِي الدَّوْرِ الثَّالِثِ.
Lift/ elevator is on the right side.	اَلْمِصْعَدُ عَلَى الْيَمِينِ.
You will receive your bags (luggage) .soon	سَتَصِلُكَ الْحَقَائِبُ حَالاً.
The room is on the third floor.	اَلْغُرْفَةُ فِي الدَّوْرِ الثَّالِثِ
Lift/ elevator is on the right side.	اَلْمِصْعَدُ عَلَى الْيَمِينِ.

Language Practice

التدريبات

١. ترجم إلى العربيّة (تمرين شفهيّ عن المفردات والجمل، يشترك به الطلّاب كافّة)

٢. أعد الجملة مستخدما الكلمات الّتي بين القوسين ، كما في المثال:

(غرفة بسرير -حمّام)
هذه غرفة بسريرولكن بدون حمّام.

١) (فندق كبير – مطعم)

٢) (حجرة مناسبة – تليفون)

٣) (حقيبة جميلة – مفتاح)

٤) (قهوة بالحليب – سكر)

٥) (شارع جميل – أشجار)

٦) (غرفة واسعة – نوافذ)

٧) (مدرسة واسعة – ملعب)

٨) (عمارة جديدة – مصعد)

٩) (كتاب مفيد – صور)

١٠) (طعام ساخن – ملعقة)

٣. هات الأسئلة والأجوبة مستخدما الكلمات الّتي بين القوسين، كما في المثال:

(المطعم – الممرّ)
أين المطعم؟
المطعم هناك في آخر الممرّ.

١) (الشركة – الشارع)
؟

٢) (الكليّة – المدينة)
؟

٣) (إبراهيم – الصف)

؟

٤) (المختبر – الكلية)

؟

٥) (المكتب – الغرفة)

؟

٦) (الحديقة – الشارع)

؟

٧) (الحقيبة – الاوتوبيس)

؟

٨) (الفندق – الشاطئ)

؟

٤. أعد قراءة الحوار ثم ضع علامة (√)أمام العبارة الصحيحة وعلامة (×)أمام العبارة الخاطئة:

١) حسين يتكلّم مع صاحب الفندق.

٢) حسين يريد غرفة بسرير وبدون حمّام.

٣) في الغرفة تليفون.

٤) حسين يريد الغرفة أسبوعا.

٥) مطعم الفندق في الدور الثاني.

٦) يستيقظ حسين في الساعة الثامنة.

٧) حسين يريد فنجان قهوة في الصباح.

٨) رقم غرفة حسين 36.

٩) حسين قدّم جواز سفره لموظّف الاستقبال.

٥. هات الأسئلة والأجوبة مستخدما الكلمات الّتي بين القوسين، كما في المثال:

(الموظّف في الاستقبال)
أين الموظّف؟ هل هو في الاستقبال؟
نعم، هو في الاستقبال.

١) (الموظّفان في الممرّ)
.... ؟ .... ؟
.... ، ....

UNIT 02

٢) (الموظّفون في الصالة)

؟ ؟

،

٣) (الموظّفة في غرفة التليفون)

؟ ؟

،

٤) (الموظّفتان في المطعم)

؟ ؟

،

٥) (الموظّفات في مكتب المدير)

؟ ؟

،

٦) (المحاسب في الاستقبال)

؟ ؟

،

٧) (المحاسبان في الممرّ)

؟ ؟

،

٨) (المحاسبون في الصالة)

؟ ؟

،

٩) (المحاسبة في غرفة التلفون)

؟ ؟

،

١٠) (المحاسبتان في المطعم)

.... ؟ .... ؟

.... ، ....

٦. أجر الحوار مستعينا بما بين القوسين، كما في المثال:

(غرفة بسرير وحمّام) – (ثلاثة أيّام)

ما طلبك ، يا سيّدي؟	غرفة بسرير وحمّام ، من فضلك.
كم يوما تريدها	ثلاثة أيّام.
وهو كذلك، تفضّل المفتاح	شكرا

١) (غرفتان بدون حمّام) – (أسبوعا)

.... ، .... ؟ ....

.... ؟ ....

٢) (ثلاث غرف) – (يوما واحدا)

.... ، .... ؟ ....

.... ؟ ....

٣) (غرفة بتلفون) – (شهرا)

.... ، .... ؟ ....

.... ؟ ....

٤) (غرفة بحمّام) – (ليلتين)

.... ، .... ؟ ....

.... ؟ ....

UNIT 02

٥) (أربع غرف بحمّام) – (ثلاثة أسابيع)

، ؟

؟

٦) (غرفة بسريرين) – (أربعة أيّام)

، ؟

؟

٧) (غرفتان بحمام) – (ليلة واحدة)

، ؟

؟

٨) (خمس غرف) – (أسبوعا وربّما أكثر)

، ؟

؟

٧. أجر التمرين الآتي ،كما في المثال:

هو يستيقظ في الثامنة صباحا .هل نتّصل به؟ (هو - نحن)

هو يستيقظ في الثامنة صباحا .هل أتّصل به؟ (هو - أنا)

١) (أنا - أنت)

٢) (هي - أنا)

٣) (هما - نحن)

٤) (أنا - هو)

٥) (هي - نحن)

٦) .... (أنت - أنا)

٧) .... (نحن - أنت)

٨. هات الأسئلة والأجوبة مستخدما الكلمات التي بين القوسين، كما في المثال:

الغرفة - 63

ما رقم الغرفة؟ رقم الغرفة 63

١) الشارع - 27

.... ؟ ....

٢) الصفحة - 65

.... ؟ ....

٣) البيت - 34

.... ؟ ....

٤) الشقة - 8

.... ؟ ....

٥) الحساب - 45

.... ؟ ....

٦) الرحلة - 36

.... ؟ ....

٧) المقعد - ١٢

.... ؟ ....

٨) الحافلة - 1550

.... ؟ ....

٩. هات أسئلة للإجابات الآتية:

١) .... ؟ ثلاثة أيّام وربّما أكثر.

٢) .... ؟ آسف، عندنا غرفة بدون حمّام.

٣) .... ؟ في هذا البيت شقتان.

٤) .... ؟ أرجع في الساعة الثامنة مساء.

٥) .... ؟ بلى، يوجد تلفون.

٦) .... ؟ جواز سفري مع موظّف الاستقبال.

٧) .... ؟ سأتناول الشاي في الغرفة.

٨) .... ؟ الفطور في الساعة الثامنة.

٩) .... ؟ لا، لا أتناول الغداء في الفندق.

١٠) .... ؟ فندقان.

١١) .... ؟ رقم الرحلة 46 .

١٢) .... ؟ لا، المفتاح ليس معي.

١٣) .... ؟ هناك في آخر الشارع.

١٠. أعد الجمل الآتية مستعينا بالكلمات التي بين القوسين، كما في المثال:

يقدّم الفندق الطعام. (الفندق)

١) .... (القهوة)

٢) .... (المرأة)

٣) .... (الفاكهة)

٤) .... (المطعم)

٥) .... (الحلوى)

٦) .... (أنا)

٧) .... (اللحم)

٨) .... (أنت)

٩) .... (الخضار)

١٠) .... (هي)

١١) .... (السلطة)

١١. هات الأسئلة والأجوبة مستعينا بما بين الأقوس، كما في المثال:

(المحاسبان)
أين المحاسبان؟ هما في مكتبهما.

١) (المحاسبة)

....؟ ....

٢) (المحاسبون)

....؟ ....

٣) (المحاسبتان)

....؟ ....

٤) (المحاسبات)

.... ؟ ....

٥) (المحاسب)

.... ؟ ....

١٢. أعد الجمل الآتية مبتدئا بما بين القوسين، كما في المثال:

أنا قادم للسياحة.	(أنتم)	أنتم قادمون للسياحة.
١) هو ذاهب إلى الفندق	(هنّ)	....
٢) هو مسافر إلى بلده .	(هما)	....
٣) أنا سعيد بالرحلة .	(أنتما)	....
٤) نحن موظفون في الفندق .	(أنتنّ)	....
٥) أنت طالب في هذه الكليّة .	(أنتم)	....
٦) هما مدرّستان في المعهد.	(هم)	....
٧) هي طبيبة في المستشفى .	(هنّ)	....

١٣. أكمل الناقص في الحوار:

موظّف الاستقبال : ما ...... ، يا سيّدي؟

حسين : غرفة بسرير و ...... ، من فضلك.

موظّف الاستقبال : آسف، توجد غرفة بسرير ولكن ...... حمام.

حسين : هل فيها ...... ؟

موظّف الاستقبال : نعم ، وهي .... ، .... من الحمّام.

حسين : موافق، أريدها .... أيام، هل يقدِّم .... الطعام؟

موظّف الاستقبال : نعم، والمطعم هناك في .... الممرّ.

حسين : ومتى .... ، من فضلك؟

موظّف الاستقبال : في .... صباحا، لو سمحت .... السفر.

حسين : تفضَّل ، هذا هو جواز ....

موظّف الاستقبال : متى .... في الصباح؟ هل نتّصل بك ؟

حسين : نعم ، في الساعة السابعة ، وأريد فنجان ....

موظّف الاستقبال : تفضّلْ .... غرفة 63 .... ، والمِصعد على ....

حسين : شكرا

موظّف الاستقبال : عفوا، وستصِلك .... حالا.

١٤. أجب عن الأسئلة الآتية:

١) ماذا طلب حسين من موظّف الاستقبال؟

....

٢) هل الحمّام في الغرفة؟

....

٣) هل في الغرفة تليفون؟

....

٤) أين توجد الغرفة؟

....

٥) كم سيبقى حسين في الفندق؟

....

٦) هل يقدِّم الفندق الطعام؟

٧) أين يوجد المطعم؟

٨) متى الفطور؟

٩) ماذا يريد حسين من موظف الاستقبال في الصباح؟

١٥. اكتب الدرس في دفترك

In the restaurant

في المطعم

أحمد	: أنا جوعان، يا فريدة
فريدة	: وأنا كذلك ، هيّا بنا إلى أقرب مطعم، فقد حان وقت الغداء.
أحمد	: هيّا بنا .

(في المطعم)

فريدة	: قائمة الطعام، من فضلك .
عامل المطعم	: تفضّلا.
فريدة	: ماذا تريد أن تَأكل، يا أحمد ؟
أحمد	: اطلبي لنا السلطة أوّلا .
فريدة (لعامل المطعم)	: سلطة أوّلا ، من فضلك؟
عامل المطعمُ	: حاضر....تفضّلا ، ماذا تريدان بعدها؟
فريدة	: ما رأيك يا أحمد، نأكل أرزا مع الدجاج ؟
أحمد	: خذي أنت أرزا مع الدجاج وأنا سآخذ أرزا مع السمك .
فريدة	: وهو كذلك.
عامل المطعم	: هل تريدان فاكهة؟
فريدة	: أنا لا أريد، وأنت، يا أحمد؟
أحمد	: أريد موزة واحدة فقط.

(بعد الأكل):

فريدة : الفاتورة، من فضلك.

عامل المطعم : تفضّلي، الدفع هناك عند المحاسب. أرجو أن تكونا قد استطبتما طعامنا.

فريدة : طبعا فهو طعام لذيذ، أليس كذلك، يا أحمد؟

أحمد : بلى، إنّه كذلك.

عامل المطعم : شكرا، وتفضّلا هنا لتشربا الشاي مجّانا.

Vocabulary

المفردات والتراكيب البسيطة

table	مَائِدَةٌ	sugar	سُكَّرٌ
fork	شَوْكَةٌ	delicious	لَذِيذٌ
knife	سِكِّينٌ	honey	عَسَلٌ
spoon	مِلْعَقَةٌ	bread	خُبْزٌ
dish/plate	طَبَقٌ	tea	شَايٌ
cup	كُوبٌ	coffee/coffee shop	قَهْوَةٌ
kebab	كَبَابٌ	sweet/ candy	حَلْوَى
eggs	بَيْضٌ	rice	أُرْزٌ
cheese	جُبْنٌ	salad	سَلَطَةٌ
lunch	غَدَاءٌ	fish	سَمَكٌ
breakfast	فَطُورٌ	pasta	مَكَرُونَةٌ
dinner	عَشَاءٌ	potato	بَطَاطِسُ
meal	وَجْبَةٌ /أَكْلَةٌ	tomatoes	طَمَاطِمُ
waiter/worker	عَامِلٌ	vegetables	خُضَارٌ
ok, yes	حَاضِرٌ	cucumber	خِيَارٌ
paid	دَفَعَ	delicious/ good	طَيِّبٌ
bill	فَاتُورَةٌ	hungry	جَوْعَانُ
ate	أَكَلَ	food	طَعَامٌ
drank	شَرِبَ	noon	ظُهْرٌ

UNIT 02

liked, enjoyed	إِسْتَطَابَ	fruit(s)	فَاكِهَةٌ، فواكه
preferred	فَضَّلَ	orange	بُرْتُقَالٌ
waited	إِنْتَظَرَ	juice	عَصِيرٌ
time has come	حَانَ	lemon	لَيْمُونٌ
menu	قَائِمَةُ الطَّعَامِ	banana	مَوْزٌ
orange juice	عَصِيرُ البُرْتُقَالِ	olive	زَيْتُونٌ
dates	تَمْرٌ	apple	تُفَّاحٌ
		grape	عِنَبٌ

Expressions

الجمل و التعبيرات

What do you want to eat?	مَاذَا تُرِيدُ أَنْ تَأْكُلَ؟
Isn't it?	أَلَيْسَ كَذَلِكَ؟
Do you both want fruits?	هَلْ تُرِيدَانِ فَاكِهَةً؟
Let's go to the nearest restaurant	هَيَّا بِنَا إِلَى أَقْرَبِ مَطْعَمٍ
It is lunch time now.	قَدْ حَانَ وَقْتُ الْغَدَاءِ
Order salads for us first of all.	اُطْلُبِي لَنَا السَّلَطَةَ أَوَّلاً
We will eat rice with chicken.	نَأْكُلُ أُرْزاً مَعَ الدَجَاجِ
You may take rice with chicken.	خُذِي أَنْتِ أُرْزًا مَعَ الدَّجَاجِ
I'll take rice with fish.	أَنَا سَآخُذُ أُرْزًا مَعَ السَّمَكِ
I do not want.	أَنَا لَا أُرِيدُ.
I want just one banana.	أُرِيدُ مَوْزَةً وَاحِدَةً فَقَطْ.
You can pay there at the cashier.	اَلدَّفْعُ هُنَاكَ عِنْدَ الْمُحَاسِبِ
I hope that you both have enjoyed our food.	أَرْجُو أَنْ تَكُونَا قَدِ اسْتَطَبْتُمَا طَعَامَنَا.
Sure, it is delicious food.	طَبْعًا، فَهُوَ طَعَامٌ لَذِيذٌ
Yes, it is.	نَعَمْ، إِنَّهُ كَذَلِكَ
As a treat, you will have tea for free.	تَفَضَّلَا هُنَا لِتَشْرَبَا الشَّايَ مَجَّانًا.

Language Practice

التدريبات

١. ترجم إلى العربيّة (تمرين شفهيّ عن المفردات والجمل، يشترك به الطلّاب كافّة)

٢. أكْمِلْ بِمَا يُنَاسِبُ :

١) أتناول فطوري فِي الساعة .... وأتناول غدائي فِي .... وأتناول عشائي فِي ....

٢) فِي الفطور آكلّ .... وأشرب ....

٣) وفِي الغداء آكلّ .... وأشرب ....

٤) وفِي العشاء آكلّ .... وأشرب ....

٣. اقرأ :

هذا مطعم	هذان مطعمان	هذه مطاعم
هذه مائدة	هاتان مائدتان	هذه موائد
هذه ملعقة	هاتان ملعقتان	هذه ملاعق
هذه قائمة	هاتان قائمتان	هذه قوائم
هذه فاكهة	هاتان فاكهتان	هذه فواكه

٤. أجب عن الآتي:

١) بين من ومن كانت المحادثة؟

٢) لماذا ذهب أحمد وفريدة إلى المطعم؟.

٣) ماذا طلبا أولا؟

٤) ماذا أكلت فريدة وماذا أكل أحمد؟

٥) هل استطاب أحمد وفريدة الطعام؟

٦) هل أكلت فريدة فاكهة؟

٧) هل دفع أحمد وفريدة الحساب لعامل المطعم؟

٥. أعد السؤال الآتي مستعينا بالكلمات التالية، كما في المثال:

الطعام العربيّ	ما رأيك في الطعام العربيّ؟

١) هذا الكتاب .... ؟

٢) هذا السمك .... ؟

٣) هذا الدجاج .... ؟

٤) هذا اللحم .... ؟

٥) هذه السلطة .... ؟

٦) هذه القهوة .... ؟

٧) هذا الشّاي .... ؟

٨) هذا الفطور .... ؟

٩) هذا الغداء .... ؟

١٠) هذا العشاء .... ؟

١١) هذه الوجبة .... ؟

١٢) هذا العسل .... ؟

١٣) هذه الفاكهة .... ؟

١٤) هذه الخضار .... ؟

١٥) هذه السيّارة .... ؟

١٦) هذه الرحلة .... ؟

٦. أجرِ التمرين ،كما في المثال:

الفطور (7-6)

متى الفطور؟ الفطور بين السادسة والسابعة.

١) الغداء (3-1)

.... ؟ ....

٢) العشاء (6-8)

؟

٣) الاستراحة (10-11)

؟

٤) المقابلة (2-5)

؟

٥) الدراسة اليوميّة (30/9-6)

؟

٦) السفر (1-2)

؟

٧) العمل (5-8)

؟

٨) اللقاء (5-15/5)

؟

٧. حوّل الجملة الآتية حسب الكلمات المعطاة، كما في المثال:

أشرب القهوة العربيّة بعد العشاء	(أنا)
تشرب القهوة العربيّة بعد العشاء.	(هي)

١) (نحن)

٢) (الغداء)

٣) (أنا)

٤) ______ (الأمريكيّة)

٥) ______ (الظهر)

٦) ______ (بالحليب)

٧) ______ (هو)

٨) ______ (الشاي)

٩) ______ (الساعة الرابعة)

١٠) ______ (العصير)

١١) ______ (بعد الظهر)

١٢) ______ (لا)

١٣) ______ (هل؟)

١٤) ______ (أنت)

٨. أعد الجمل التالية مستعينا بما تسمع بين الأقواس:

أتناول اللحم عادة وأشرب القهوة	(أنا)

١) ______ (هو)

٢) ______ (الأرز والدجاج)

٣) ______ (نحن)

٤) ______ (هي)

٥) .... (السمك)

٦) .... (الزيتون)

٧) .... (الكباب)

٨) .... (الماء)

٩) .... (القهوة العربيّة)

١٠) .... (البيض والجبن)

٩. اقرأ الجمل الآتية، ثُمَّ أكمل ما يليها:

- متى تتناول الغداء؟ في الثانية؟ نعم، أتناوله عادة في الثانية.
- متى تكتب رسائلك؟ في المساء؟ نعم، أكتبها عادة في المساء.

١) متى تتناول الفطور؟ في السابعة صباحا؟

........، ....

٢) متى تتناول العشاء؟ في الثامنة مساء؟

........، ....

٣) متى تشرب القهوة؟ في العاشرة صباحا؟

........، ....

٣) متى تشتري لوازم البيت؟ يوم الخميس؟

........، ....

٤) متى تشرب الشاي؟ في الصباح؟

........، ....

٥) متى تأخذ السيّارة إلى العمل؟ كلّ يوم؟

،

٦) متى تأكل الحلوى؟ بعد الغداء؟

،

١٠. أكمل الجمل، مستعينا بما بين القوسين ،كما في المثال:

نحن نتناول تمرا. وأنت ماذا تتناول؟ (عنبا)
أنا أتناول عنبا

١) نحن نتناول موزا. وأنت ماذا تتناول؟ (تفاحا)

٢) نحن نتناول شايا. وأنت ماذا تتناول؟ (قهوة)

٣) نحن نتناول سمكا. وأنت ماذا تتناول؟ (أرزا)

١١. أجب مستخدما الضمير (ــه) (ــها)، كما في المثال:

هل تكتب الدرس؟	نعم، أكتبه.
هل تكتب الرسالة؟	نعم، أكتبها.

١) هل تريد القلم؟

٢) هل تفضّل اللحم ؟

٣) هل تفضّل عصير البرتقال؟

٤) هل تأكل السمك؟

٥) هل تأكل الحلوى؟

٦) هل تفضّل العسل؟

٧) هل تريد القهوة الآن؟

٨) هل تتناول الغداء في الساعة الواحدة؟

٩) هل ستكتب التقرير الأسبوعيّ؟

١٠) هل تعرف معهد اللغة العربيّة؟

١١) هل ستنتظر صديقك؟

١٢) هل ستأخذ السيّارة إلى الشركة؟

١٢. أجب مستخدما الضمير، كما في المثال:

هل ستذهب إلى صديقك؟	نعم، سأذهب اليه.
هل ستذهب إلى المحاضرة؟	نعم، سأذهب اليها.

١) هل ستذهب إلى بيتك؟

٢) هل ستذهب إلى الكليّة؟

٣) هل ستنتظر في المكتبة؟

٤) هل ستسافر بسيارتك؟

٥) هل ستكتب بهذا القلم؟

٦) هل ستتناول من هذه الفاكهة؟

٧) هل ستشرب بهذه الملعقة؟

٨) هل ستجلس على هذا الكرسي؟

٩) هل ستنام في هذه الغرفة؟

١٣. أجب عن الأسئلة الآتية ، كما في المثال:

ما الكتاب الذي تفضّله؟	هذا هو الكتاب الذي أفضّله.
ما الوجبة التي تفضّلها؟	هذه هي الوجبة التي أفضّلها.

١) ما المطعم الذي تفضّله؟

٢) ما الأكلة التي تفضّلها؟

٣) ما العصير الذي تشربه؟

٤) ما الفاكهة التي تأكلها؟

٥) ما الجامعة التي تدرس فيها؟

٦) من الصديق الذي سيذهب معك؟

١٤. أجر التدريب الآتي مستعينا بما بين القوسين، كما في المثال:

(الوجبة - تفضّل)	هل هذه هي الوجبة التي تفضّلها؟ نعم، هذه هي الوجبة التي أفضّلها.
(العصير - تشرب)	هل هذا هو العصير الذي تشربه؟ نعم، هذا هو العصير الذي أشربه.

١) (الأكلة - تتناول)

؟

٢) (الطعام - تطلب)

؟

٣) (الفاكهة - تحب)

؟

٤) (الخبز - تأكل)

؟

٥) (الرسالة - تكتب)

؟

٦) (الكتاب - تقرأ)

؟

٧) (السيّارة - تركب)

؟

٨) (الواجب - تعمل)

؟

١٥. اكْتُبِ الدَّرْسَ فِي دَفْتَرِك.

UNIT 3

الوحدة الثالثة : سياحة

- في البنك
- في البريد
- في التّاكسي

In the bank- A

في البنك

(حازم من اليمن يعمل في أمريكا ، أراد أن يرسل مبلغا من المال لأسرته في اليمن فذهب إلى

(حازم من اليمن يعمل في أمريكا ، أراد أن يرسل مبلغا من المال لأسرته في اليمن فذهب إلى البنك ، وهناك التقى بأحد موظفيّ البنك وبدأ بالتحيّة) :

حازم : السّلام عليكم

موظّف البنك : وعليكم السلام، أيّ خدمة؟

حازم : أريد إرسال بعض النقود لأسرتي في اليمن.

الموظّف : تفضّل، انتظر دورك أمام ذلك المكتب.

(بعد أن جاء دور حازم)

موظّف البنك : مرحباً، الجواز، لو سمحت.

حازم : تفضّل، هذا هو الجواز.

موظّف البنك : إلى أين تريد إرسال النقود؟

حازم : إلى أسرتي في اليمن.

موظّف البنك : في أيّ مدينة هي؟

حازم : في مدينة عدن.

موظّف البنك : إذن ، سجّل المعلومات المطلوبة الّتي في هذه الورقة.

(يسجّل حازم اسمه وعنوانه ورقم هاتفه ويسجّل اسم الشخص الّذي سيبعث إليه النقود مع عنوانه في اليمن والمبلغ الّذي سيرسله ثمّ يضع توقيعه في موضعه بأسفل الورقة، ويسلّم الورقة للموظّف)

موظّف البنك : المبلغ المرسل ألفا دولار، إذن، الضريبة خمسة وتسعون دولاراً.

حازم : تفضّل ، ها هي .

موظّف البنك : تفضّل الإيصال ، سترى فيه الرقم السرّيّ الّذي سيطلب من المرسل إليه عند استلامه النقود .

حازم : من أين سيستلمها؟

موظّف البنك : كلّ محلّات الصرافة في عدن تتعامل معنا .فيمكن أن يأخذها من أيّ محلّ يريد.

حازم : شكرا، مع السلامة.

موظّف البنك : إلى اللّقاء.

Vocabulary

المفردات والتراكيب البسيطة

bank	بَنْكٌ	tax/vat	ضَرِيبَةٌ
money	نُقُودٌ	asks	يَطْلُبُ
address	عُنْوَانٌ	deal with	تَتَعَامَلُ
phone	هَاتِفٌ	puts	يَضَعُ
place/location	مَوْضِعٌ	required information	المَعْلُومَاتُ المَطْلُوبَةُ
sender	مُرْسِلٌ	banker	مُوَظَّفُ الْبَنْكِ
receipt	إِيصَالٌ	sum of money	مَبْلَغٌ مِنَ المَالِ
reality	وَاقِعٌ	bottom of the page	أَسْفَلُ الْوَرَقَةِ
area	مِنْطَقَةٌ	code/ pin	الرَّقْمُ السِّرِّيُّ
signature	تَوْقِيعٌ	recipient/consignee	الْمُرْسَلُ إِلَيْهِ
receive	يَسْتَلِمُ	money exchange (MEs)	مَحَلَّاتُ الصِّرَافَةِ

Expressions

الجمل والتعبيرات

From where can he receive the money?	مِنْ أَيْنَ سَيَسْتَلِمُهَا؟
To where do you want to send this money?	إِلَى أَيْنَ تُرِيدُ إِرْسَالَ النُّقُودِ؟
Hazem is from Yemen, he works in America	حَازِمٌ مِنْ الْيَمَنِ يَعْمَلُ فِي أَمْرِيكَا.
He wanted to send a sum of money to his family in Yemen.	أَرَادَ حَازِمٌ أَنْ يُرْسِلَ مَبْلَغاً مِنَ الْمَالِ لأُسْرَتِهِ فِي الْيَمَنِ.
Hazem met a banker in the bank	اِلْتَقَى حَازِمٌ بِأَحَدِ مُوَظَّفِي الْبَنْكِ.
Wait for your turn in front of the office.	اِنْتَظِرْ دَوْرَكَ أَمَامَ ذَلِكَ الْمَكْتَبِ.
Write down/fill the information required in this form.	سَجِّلِ الْمَعْلُومَاتِ الْمَطْلُوبَةَ الَّتِي فِي هَذِهِ الْوَرَقَةِ.
Hazem writes the name of the person who will receive the money	يُسَجِّلُ حَازِمٌ اِسْمَ الشَّخْصِ الَّذِي سَيَبْعَثُ إِلَيْهِ النُّقُودَ.
Hazem writes/puts the total amount he will send.	يُسَجِّلُ حَازِمٌ الْمَبْلَغَ الَّذِي سَيُرْسِلُهُ.
Hazem signs at the bottom of the form/page.	يَضَعُ حَازِمٌ تَوْقِيعَهُ فِي مَوْضِعِهِ بِأَسْفَلِ الْوَرَقَةِ.
Hazem hands in/gives the filled form to the employee.	يُسَلِّمُ حَازِمٌ الْوَرَقَةَ لِلْمُوَظَّفِ.
Here is the receipt.	تَفَضَّلِ الْإِيصَالَ
You'll find a code in the receipt, the recipient will be required to provide this the money. code when collecting/taking	سَتَرَى فِي الْإِيصَالِ الرَّقْمَ السِّرِّيَّ الَّذِي سَيُطْلَبُ مِنَ الْمُرْسَلِ إِلَيْهِ عِنْدَ اسْتِلَامِهِ النُّقُودَ .
All money exchange offices (MEs) in Aden deal with us	كُلُّ مَحِلَّاتِ الصَّرَّافَةِ فِي عَدَنَ تَتَعَامَلُ مَعَنَا.
He can collect/ take the money from any branch he likes.	يُمكِنُ أَنْ يَأْخُذَ النُّقُودَ مِنْ أَيِّ مَحَلٍّ يُرِيدُ.

In the bank- B

في البنك

(كان حازم قد اتصل بأبيه وأبلغه بالمبلغ المرسل إليه وبالرقم السرّيّ، فذهب الأب إلى محلّ "الكريمي " للصرافة بمدينة عدن، وهناك جرت المحادثة الآتية):

الأب : مساء الخير.

موظّف الصرافة : مساء النور

الأب : لديّ نقود مرسلة من ابني في أمريكا.

موظّف الصرافة : بطاقة الهويّة، لو سمحت.

الأب : ها هي

موظّف الصرافة : هل تحفظ الرقم السرّيّ؟

الأب : نعم، هومسجّل هنا، تفضّل.

موظّف الصرافة : أتريد النقود بالدولار أم بالريال اليمني؟

الأب : كم سعرالصرف لديكم؟

موظّف الصرافة : مئتان وعشرون ريالا للدولار الواحد.

الأب : لا بأس، أعطني ألفي دولار، وهات الباقي بالريال اليمني.

موظّف الصرافة : وهو كذلك ، تفضّل، أرجو أن تحسب نقودك قبل أن تغادر المحلّ.

(بعد أن يحسب الأب النقود)

الأب : هي مستوفاة، شكرا.

موظّف الصرافة : عفوا

الأب : مع السلامة

موظّف الصرافة : في أمان الله

Vocabulary

المفردات والتراكيب البسيطة

exchange (n)	صَرْفٌ	Exchange rate	سِعْرُ الصَرْفِ
change (n)	بَاقِي	ID	بِطَاقَةُ الْهُوِيَّةِ
correct (adj)	مُسْتَوْفَاةٌ	Yemeni Riyal	اَلْرِّيَالُ الْيَمَنِيُّ
exchange(imp.)	اِصْرِفْ	Al-Kareemi Money exchange	مَحَلُّ الْكَرِيمِي لِلصَّرَافَةِ
count/check	تَحْسِبُ	Aden	عَدَن
code/pin	اَلرَّقْمُ السِّرِّيُّ	Recorded	مُسَجَّلٌ
Cashier	مُوَظَّفُ الصَّرَافَةِ	send	يُرْسِلُ

Expressions

الجمل والتعبيرات

UNIT 03

Do you know the code?	هَلْ تَحْفَظُ الرَّقْمَ السِّرِّي؟
Do you want the money in US dollars or Yemeni Riyals?	أَتُرِيدُ النُّقُودَ بِالدُّولَارِ أَمْ بِالرِّيَالِ الْيَمَنِي؟
What is your exchange rate?	كَمِ الصَّرْفُ لَدَيْكُمْ؟
Hazem called his father who told him the exact amount of monet sent and the code.	اِتَّصَلَ حَازِمٌ بِأَبِيهِ وأَبْلَغَهُ بِالْمَبْلَغِ الْمُرْسَلِ إِلَيْهِ وَبِالرَّقْمِ السِّرِّيِّ.
The father went to Al-Kareemi for Money Exchange in Aden.	ذَهَبَ الْأَبُ إِلَى مَحِلِّ الْكَرِيمِي لِلصِّرَافَةِ بِمَدِينَةِ عَدَن.
My son has sent to me an amount of money been from America.	لَدَيَّ نُقُودٌ مُرْسَلَةٌ مِنَ ابْنِي فِي أَمْرِيكَا.
Sure, it is recorded here.	نَعَمْ، هُوَ مُسَجَّلٌ هُنَا.
No problem, give me $1000 and the rest in Yemeni Riyal.	لَا بَأْسَ، أَعْطِنِي أَلْفَي دُولَارٍ ، وَهَاتِ البَاقِي بِالرِّيَالِ الْيَمَنِيِّ.
Please check (count) your money before you leave.	أَرْجُو أَنْ تَحْسِبَ نُقُودَكَ قَبْلَ أَنْ تُغَادِرَ الْمَحِلَّ.
It's correct.	النُّقُودُ مُسْتَوْفَاةٌ.

Language Practice
التدريبات

١. ترجم إلى العربيّة (تمرين شفهيّ عن المفردات والجمل، يشترك به الطلّاب كافّة)

٢. املأ الفراغ بالكلمات المناسبة:

حازم من .... يعمل في .... ، أراد أن .... مبلغا من المال لأسرته في اليمن ف .... إلى البنك ، وهناك .... بأحد موظّفيّ البنك و .... بالتحيّة :

حازم : السلام عليكم

موظّف البنك : وعليكم السلام، أيّ خدمة؟

حازم : أريد إرسال .... لأسرتي في اليمن.

الموظّف : تفضّل، .... دورك أمام ذلك المكتب.

(بعد أن جاء دور حازم)

موظّف البنك : مرحبا، .... ، لو سمحت.

حازم : تفضّل، هذا هو ....

موظّف البنك : إلى أين تريد إرسال .... ؟

حازم : إلى .... في اليمن.

موظّف البنك : في أيّ .... هي؟

حازم : في مدينة عدن.

موظّف البنك : إذن ، سجّل .... المطلوبة التي في هذه الورقة.

(يسجّل حازم .... و .... ورقم .... ويسجّل اسم الشخص الذي سيبعث إليه النقود مع عنوانه في اليمن والمبلغ الذي سيرسله ثم يضع .... في موضعه بأسفل الورقة ، و .... الورقة للموظّف)

موظّف البنك : المبلغ المرسل ألفا دولار، إذن، .... خمسة وتسعون دولارا.

حازم : تفضّل ، ها هي .

موظّف البنك : تفضّل .... ، سترى فيه الرقم .... الّذي سيطلب من المرسل إليه عند استلامه النقود .

حازم : من أين سيستلمها؟

موظّف البنك : كلّ محلّات .... في عدن .... معنا .فيمكن أن يأخذها من أيّ محلّ يريد.

حازم : شكرا، مع السلامة.

موظّف البنك : إلى اللقاء.

كان حازم قد اتّصل بأبيه و .... بالمبلغ المرسل إليه وبالرقم السرّيّ، فذهب الأب إلى محلّ "الكريمي " للصرافة بمدينة .... ، وهناك جرت المحادثة الآتية:

الأب : مساء الخير.

موظّف الصرافة : مساء النور

الأب : لديّ .... مرسلة من ابني في أمريكا.

موظّف الصرافة : بطاقة .... ، لو سمحت.

الأب : ها هي

موظّف الصرافة : هل .... الرقم السرّيّ؟

الأب : نعم، هو .... هنا، تفضّل.

موظّف الصرافة : .... النقود بالدولار أم بالريال اليمنيّ؟

الأب : كم .... لديكم؟

موظّف الصرافة : مئتان وعشرون ريالا للدولار الواحد.

الأب : لا بأس، .... ألف دولار ، و .... الباقي بالدولار.

موظّف الصرافة : وهو كذلك، تفضّل، أرجو أن .... نقودك قبل أن تغادر المحلّ.

(بعد أن يحسب الأب النقود)

الأب : هي .... ، شكرا.

٣. أجر التمرين، كما في المثال:

حازم من اليمن يعمل في أمريكا

(من العراق)

حازم من العراق يعمل في أمريكا

(في كوريا)

حازم من العراق يعمل في كوريا

حازم من العراق يدرس في كوريا

١) .... (من مصر)

٢) .... (في فرنسا)

٣) .... (يعيش)

٤) .... (من لبنان)

٥) .... (يتعلّم)

٦) .... (عبد الله)

٧) .... (من سوريا)

٨) .... (أسبانيا)

٩) .... (يقيم)

١٠) .... (إيطاليا)

UNIT 03

٤. أجر التمرين كما في المثال:

أرسل حازم النقود لأخيه
(حازم وأحمد) أرسل حازم وأحمد النقود لأخيهما
(فاطمة) أرسلت فاطمة النقود لأخيها
(فاطمة وهدى) أرسلت فاطمة وهدى النقود لأخيهما
(حازم وأحمد وعلي) أرسل حازم وأحمد وعلي النقود لأخيهم
(فاطمة وهدى وزينب) أرسلت فاطمة وهدى وزينب النقود لأخيهن

١) (عبد الله)

٢) (لأبيه)

٣) (عبد الله وإبراهيم)

٤) (عبد الله وإبراهيم وسالم)

٥) (عائشة)

٦) (عائشة وسعاد)

٧) (عائشة وسعاد ونبيلة)

٨) (نبيل)

٩) (لجدّه)

١٠) (نبيل وسمير)

١١) (نبيل وسمير وشكري)

١٢) (نجوى)

١٣) (نجوى وليلى)

١٤) (نجوى وليلى وأميرة)

٥. أجر التمرين، كما في المثال:

إبراهيم استلم النقود
(فاطمة) فاطمة استلمت النقود

١) (إبراهيم وحسن)

٢) (فاطمة وسعاد)

٣) (إبراهيم وحسن وعثمان)

٤) (فاطمة وسعاد ورقيّة)

٥) (فاطمة وعليّ)

٦) (أحمد وفاطمة ورقيّة)

٧) (أرسل)

٨) (ابراهيم)

٩) (ابراهيم وحسن)

١٠) (فاطمة)

١١) (فاطمة وسعاد)

١٢) (إبراهيم وحسن وعثمان)

١٣) (فاطمة وسعاد ورقيّة)

١٤) (فاطمة وعليّ)

١٥) (أحمد وفاطمة ورقيّة)

١٦) (صرف)

١٧) (إبراهيم)

٦. أجب ب"نعم "مستخدما الضمير ، كما في المثال:

هل أرسلت النقود؟	نعم. أرسلتها.
هل اتصلت بأبيك؟	نعم. اتصلت به.
هل سجّلت اسمك؟	نعم. سجّلته .

١) هل كتبت المعلومات؟

٢) هل وضعت توقيعك على الورقة؟

٣) هل اتصلت بعبد الله وإبراهيم؟

٤) هل اتصلت بفاطمة؟

٥) هل استلمت الوصل؟

٦) هل شاهدت أصدقاءَك؟

٧) هل رأيت زميلاتك؟

UNIT 03

٧. أجر التمرين مستخدما ما بين القوسين، كما في المثال:

ألفي دولار / محل الصرافة / النقود / استلم

هل استلمت النقود ؟	نعم. أستلمتها.
من أين؟	من محلّ الصرافة
كم استلمت؟	ألفي دولار.

١) (أخذ / الكتب / المكتبة / كتابين)

؟

؟

؟

٢) (شترى / ملابس / السوق / قميصين)

؟

؟

؟

٣) (حجز / التذاكر / مكتب السياحة / مقعدين)

؟

؟

؟

٤) (أرسلت / نقودا / أسرتي / ثلاثة آلاف ريال)

؟

لمن أرسلتها؟

؟

٥) (بعث / هديّة / صديقي / أربعة كتب)

؟

إلى من؟ .

ماذا بعثت؟

٦) (تناول / الفطور / مطعم الشرق / خبزا وسمكا وشايا)

؟

في أي مطعم؟

ماذا تناولت؟

٧) (حضر / المحاضرة /عشرون طالبا / من التاسعة إلى الحادية عشرة صباحا)

؟

كم طالبا حضرها ؟

ما موعدها؟

٨. أجر التمرين ، كما في المثال:

أراد حازم أن يرسل مبلغا من المال لأسرته	(حازم/ يرسل/ مبلغ من المال/ أسرة)
أراد علي أن يبعث كتابا لصديقه	(عليّ /يبعث /كتاب /صديق)
أرادت فاطمة أن تبعث فستانا لأختها	(فاطمة /فستان /أخت)

١) (المهندس /يكتب /التقرير الأسبوعيّ /شركة)

٢) (ليلى وسعاد /تطبخ /الفطور /أمّ)

٣) (أحمد وجبريل /يشتري /تذكرة سفر /أخ)

٤) (أسعد ووليد ونادر /يرسل /خطاب / زميل)

٥) (سعاد وليلى ومنيرة /تعطي /الدواء / أب)

٦) (مريض /يسلم /نتائج التحليل /طبيب)

٧) (الجامعة /تسلّم /الشهادات/طلّاب)

UNIT 03

٩. أجب عن الأسئلة الآتية:

١) ما جنسيّة حازم؟

٢) أين يعمل؟

٣) في أيّ مدينة تسكن أسرته؟

٤) ماذا أرسل؟

٥) كم أرسل؟

٦) ماذا طلب منه موظّف البنك؟

٧) ما هي المعلومات المطلوبة التي سجّلها؟

٨) كم كانت الضريبة؟

٩) بماذا أبلغ حازم أباه؟

١٠) من أين استلم الأب النقود؟

١١) ماذا طلب موظّف الصرافة من والد حازم؟

١٢) هل استلم المبلغ بالدولار؟

١٣) كم كان صرف الدولار بالريال اليمنيّ؟

١٤) ماذا طلب موظّف الصرافة من الأب بعد أن سلّم له النقود؟

١٠. أجر الحوار مستعينا بما بين القوسين، كما في المثال:

(إرسال نقود – اليمن – ألفي دولار)

أ :السلام عليكم

ب :وعليكم السلام،مرحبا، أيّ خدمة؟

أ :أريد إرسال نقود.

ب :إلى أين؟

أ :إلى اليمن.

ب :كم سترسل؟

أ :ألفي دولار.

١) (أخذ كتب – المكتبة – ثلاثة كتب)

أ :

ب :

أ :

ب :

أ :

ب :

أ :

٢) (شراء هديّة – حقيبة – أختي)

أ :

ب :

أ :

ب :أيّ هديّة؟

أ :

ب :

أ :

UNIT 03

٣) (إرسال كتب – صديقي – أربعة كتب)

أ :

ب :

أ :

ب :

أ :

ب :

أ :

٤) (قراءة قصّة – قصّة عربيّة – نجيب محفوظ)

أ :

ب :

أ :

ب :أيّ قصّة؟.

أ :

ب :لمن هي؟.

أ :

٥) (تناول الشاي – صالة الفندق – شاي مع الحليب)

أ :

ب :

أ :

ب :أين تتناوله؟

أ :

ب :أيّ شاي؟.

أ :

٦) (زيارة الطبيب – طبيب العيون – اليوم)

أ :

ب :

أ :

ب :أي طبيب؟.

أ :

ب :متى؟.

أ :

٧) (مقابلة المدير – مدير الجامعة – عطلة)

أ :

ب :

أ :

ب : أيّ مدير؟.

أ :

ب : ماذا تريد منه؟

أ :

١١. هات الأسئلة المناسبة للإجابات الآتية:

١) ؟ استلمها من محلّ الصرافة.

٢) ؟ أريد إرسالها إلى المغرب.

٣) ؟ سأرسل ألف دولار.

٤) ؟ لصديقي عمر.

٥) ؟ الرقم السرّيّ في الوصل هنا.

٦) ؟ يمكن أن يأخذ النقود من أيّ محلّ للصرافة.

٧) ؟ ضع توقيعك هنا.

١٢. أعد الجملة الآتية مع تعديلها بحسب ما يقتضيه الضمير/ ما بين القوسين ، كما في المثال:

سأرسل نقودا لأبي	(أنا)
سيرسل نقودا لأبيه	(هو)

١) (هما)

٢) (هم)

٣) (هي)

٤) (هن)

٥) (أنتَ)

٦) (أنتِ)

٧) (أنتم)

٨) (أنتن)

١٣. أجر السؤال والجواب مستعينا بما بين القوسين ،كما في المثال:

(أرسل – نقودا – كتبا)
أ :أنا سأرسل نقودا .وأنت ماذا سترسل؟
ب :سأرسل كتبا

١) (قرأ - قصّة - صحيفة)
أ : ، ؟
ب :

٢) (أكتب - رسالة - رسالة أيضا)

أ : ______ ، ______ ؟

ب : ______

٣) (أشتري - قميصا - قبّعة)

أ : ______ ، ______ ؟

ب : ______

٤) (ألعب - كرة القدم - كرة السلّة)

أ : ______ ، ______ ؟

ب : ______

٥) (آكل - خبزا - سمكا)

أ : ______ ، ______ ؟

ب : ______

٦) (أشرب - شايا - قهوة)

أ : ______ ، ______ ؟

ب : ______

٧) (أسافر إلى - مصر - سوريا)

أ : ______ ، ______ ؟

ب : ______

٨) (أزور - الطبيب - صديقي)

أ : ______ ، ______ ؟

ب : ______

١٤. اكتب الدرس في دفترك.

بسم الله الرحمن الرحيم

In the Post Office- A

في البريد

(أحمد أستاذ في جامعة القاهرة ، حين صدر له ديوان شعره الجديد أراد أن يبعث منه نسخة إلى صديقه الأستاذ عبد الكريم الّذي يعمل في جامعة عدن باليمن، فذهب إلى أحد مكاتب البريد في القاهرة، وهناك جرت المحادثة الآتية):

أحمد : السلام عليكم.

موظّف البريد : وعليكم السلام، مرحبا، أيّ خدمة؟

أحمد : أريد إرسال هذا الكتاب إلى اليمن.

موظّف البريد : أيّ مكان من اليمن؟

أحمد : مدينة عدن.

موظّف البريد : أتريده بالبريد السريع أم العاديّ؟

أحمد : بالبريد العاديّ.

موظّف البريد : تفضّل، ضع الكتاب على الميزان،

(بعد ان وضع أحمد الكتاب وتبيّن الوزن)

موظّف البريد : سيكلّفك هذا مع الطوابع مئة وعشرين جنيها

أحمد : تفضّل، هذا هو المبلغ المطلوب.

موظّف البريد : تفضّل ، هذا هو الإيصال.

(الموظّف يدخل الكتاب في ظرف خاصّ ويغلقه، ثم يسلّم الظرف لأحمد)

موظّف البريد : تفضّل، سجّل البيانات المطلوبة هنا على الظرف :اسم المرسل إليه وعنوانه ورقم تليفونه، مع عنوانك ورقم تلفونك.

(بعد أن يتمّ التسجيل)

أحمد : متى يمكن أن يصل الكتاب إلى اليمن؟

موظّف البريد : بعد أسبوعين تقريبا.

أحمد : شكرا.مع السلامة

موظّف البريد : إلى اللقاء

Vocabulary

المفردات والتراكيب البسيطة

When	حِينَ	It costs	يُكَلِّفُ
Poetry	شِعْرٌ	has been published	صَدَرَ
Copy	نُسْخَةٌ	(poetry) collection	دِيوَانُ شِعْرٍ
Stamp	طَابِعٌ	post office	مَكْتَبُ الْبَرِيدِ
Pound (in money)	جُنَيْهٌ	courier/express mail	اَلْبَرِيدُ السَّرِيعُ
Scale	مِيزَانٌ	regular mail	اَلْبَرِيدُ الْعَادِيُّ
Envelope	ظَرْفٌ	amount required	اَلْمَبْلَغُ الْمَطْلُوبُ
LE	جُنَيْهٌ مِصْرِيٌّ	especial envelope	ظَرْفٌ خَاصٌّ
Parcel	طَرْدٌ	required data	اَلْبَيَانَاتُ الْمَطْلُوبَةُ
Close	يُغْلِقُ	receipt	اَلْإِيصَالُ

Expressions

الجمل والتعبيرات

Where in Yemen?	أيُّ مكانٍ مِنَ الْيمَن؟
Do you want it [to be sent via] express/ or regular mail?	أتُرِيدُهُ بِالْبَرِيدِ السَّرِيعِ أَمِ الْعَادِيّ؟
When will it arrive?	مَتَى يُمكِنُ أَنْ يَصِلَ الْكِتَابُ إِلَى الْيَمَنِ؟
Ahmed's new collection of poetry has been published.	صَدَرَ لِأَحْمَدَ دِيوَانُ شِعْرِهِ الْجَدِيدِ
Ahmed wanted to send a copy of his new collection of poetry to his friend Abdul Karim , who is a professor at the University of Aden, Yemen .	أَرَادَ أَحْمَدُ أَنْ يَبْعَثَ مِنْ شِعْرِهِ الْجَدِيدِ نُسْخَةً إِلَى صَدِيقِهِ عَبْدِ الْكَرِيمِ الَّذِي يَعْمَلُ أُسْتَاذًا فِي جَامِعَةِ عَدَن بِالْيَمَن.
Ahmad went to a post office in Cairo.	ذَهَبَ أَحْمَدُ إِلَى أَحَدِ مَكَاتِبِ الْبَرِيدِ فِي الْقَاهِرَةِ
I want to send this book to Yemen.	أُرِيدُ إِرْسَالَ هَذَا الْكِتَابِ إِلَى الْيَمَن
Put the book on the scale	ضَعِ الْكِتَابَ عَلَى الْمِيزَانِ
It will cost a hundred and twenty pounds.	سَيُكَلِّفُكَ هَذَا مَعَ الطَّوَابِعِ مِئَةً وَعِشْرِينَ جُنَيْهًا
The employee puts the book in an envelope and seals it.	الْمُوَظَّفُ يُدْخِلُ الْكِتَابَ فِي ظَرْفٍ خَاصٍّ وَيَغْلِقُهُ
Write down the required information on the envelope: recipient name, address, and telephone number along with your address and phone number.	سَجِّلِ الْبَيَانَاتِ الْمَطْلُوبَةَ هُنَا عَلَى الظَّرْفِ: اِسْمَ الْمُرْسَلِ إِلَيْهِ وَعُنْوَانَهُ وَرَقْمَ تِلِيفُونِهِ، مَعَ عُنْوَانِكَ وَرَقْمِ تِلِيفُونِكَ.
knew the weight	تبيّن الوزن

In the Post Office- B

في البريد

(بعد أن وصل الكتاب إلى اليمن، وصلت الأستاذ عبد الكريم المكالمة الآتية):

السلام عليكم ، أستاذ عبد الكريم.

عبد الكريم : وعليكم السلام ،مرحبا ، من المتحدّث؟

موظّف البريد : معك مكتب البريد في خور مكسر .ولك عندنا طرد مرسل إليك من القاهرة.

عبد الكريم : شكرا، هل يمكن أن يصلني إلى منزلي؟

موظّف البريد : للأسف ، ليس لدينا في الوقت الحالي إمكانيّة لذلك.

عبد الكريم : لا مشكلة، سآتي إليكم حالا، قد يستغرق المجيء ساعتين.

موظّف البريد : سنكون في انتظارك .

UNIT 03

(بعد وصوله إلى المكتب)

عبد الكريم : السلام عليكم

موظّف البريد : وعليكم السلام

عبد الكريم : أنا الأستاذ عبد الكريم

موظّف البريد : مرحبا بك ، نحن آسفون

عبد الكريم : لا عليكم ، أين الطرد ؟

موظّف البريد : بطاقة الهويّة، لو سمحت.

عبد الكريم : هذه هي.

موظّف البريد : وهذا هو الطرد .وقع هنا على الإيصال ، لو سمحت.

عبد الكريم : وهو كذلك .ها قد وقعت، هل بقي شيء آخر؟

موظّف البريد : سلامتك

عبد الكريم : وسلامتكم أيضا.

Vocabulary
المفردات والتراكيب البسيطة

possibility	إِمْكَانِيَّةٌ	takes	يَسْتَغْرِقُ
soon	حَالاً	Khour Maksar	خُورْ مَكْسَرَ
coming	مَجِيءٌ	At the moment	الْوَقْتُ الْحَالِي
Peace, bye	سَلَامٌ	No problem	لَا مُشْكِلَةَ
I come	آتِي	Sign	يُوَقِّعُ
Sent from	مُرْسِلٌ	Telephone call	مُكَالَمَةٌ
		parcel	طَرْدٌ

Expressions

الجمل والتعبيرات

Can you deliver to my home?	هَلْ يُمْكِنُ أَنْ يَصِلَنِي الطَّرْدُ إِلَى مَنْزِلِي؟
I have signed, anything else?	هَا قَدْ وَقَعْتُ، هَلْ بَقِيَ شَيءٌ آخَرٌ؟
The book arrived in Yemen.	وَصَلَ الْكِتَابُ إِلَى الْيَمَن
Abdulkareem received a call as follows:	وَصَلَتْ الْأُسْتَاذَ عَبْدَ الْكَرِيم الْمُكَالِمَةُ الْآتِيَةُ.
This is Khour Maksar Post Office.	مَعَكَ مَكْتَبُ الْبَرِيدِ فِي خُور مَكْسَر .
We have a parcel for you.	لَكَ عِنْدَنَا طَرْدٌ مُرْسَلٌ إِلَيْكَ مِنَ الْقَاهِرَةَ.
At the moment, we do not have the capability to do this.	لَيْسَتْ لَدَيْنَا فِي الْوَقْتِ الْحَالِي إِمْكَانِيَّةٌ لِذَلِكَ.
No problem, I will come to you.	لَا مُشْكِلَةَ، سَآتِي إِلَيْكُمْ حَالاً
It may take two hours.	قَدْ يَسْتَغْرِقُ الْمَجِيءُ سَاعَتَيْنِ.
We will be waiting for you.	سَنَكُونُ فِي انْتِظَارِكَ .
ID card, please!	بِطَاقَةَ الْهُوِيَةُ، لَوْ سَمَحْتَ.
Can you sign here, please?	وَقِّعْ هُنَا عَلَى الْإِيصَالِ ، لَوْ سَمَحْتَ.

Language Practice

التدريبات

١. ترجم إلى العربيّة (تمرين شفهيّ عن المفردات والجمل، يشترك به الطّلاب كافّة)

٢. أجر التمرين مستعينا بما بين القوسين ،كما في المثال:

وصل طرد باسمي من القاهرة	(طرد – أنا – القاهرة)
١)	(كتاب – نحن – الكويت)
٢)	(تذكرة – هي – اليمن)
٣)	(نقود – هم – أمريكا)
٤)	(رسالة – أنت – كوريا)
٥)	(تذكرتان – هما – العراق)
٦)	(كتابان – هو – السودان)
٧)	(هدية – أنت – المدير)
٨)	(طرود – هنّ – لبنان)

٣. هات الأسئلة والأجوبة مستفيدا ممّا بين القوسين، كما في المثال:

(الإيصال)

أ : هل معك الإيصالان؟ ب : هذان هما.

١) (الرسالة)

أ : ________؟ ب : ________

٢) (الطرد)

أ : ________؟ ب : ________

٣) (الكتاب)

أ : ________؟ ب : ________

٤) (الحقنة)

أ : ________؟ ب : ________

٥) (الحقيبة)

أ : ________؟ ب : ________

٦) (القلم)

أ : ________؟ ب : ________

٧) (التذكرة)

أ : ________؟ ب : ________

٨) (المفتاح)

أ : ________؟ ب : ________

٤. حوّل الجمل الآتية ،كما في المثال:

وصل الطرد من القاهرة. الطرد وصل من القاهرة.

١) وصلت النقود من أمريكا

٢) جاء الطلّاب من الجامعة

٣) أقبلت الطالبتان من البيت

٤) كتب المهندسان التقرير

٥) استلم علي وأحمد وحازم الهديّة

٦) كتبت ليلى وسعاد وفاطمة الواجب

٧. أجر المحادثة مستفيدا ممّا بين القوسين، كما في المثال:

(كتاب - القاهرة)

أ : هل وصل كتاب باسمك من القاهرة؟ ب : نعم. وصل.

أ : هل تسلّمته؟ ب : نعم. تسلّمته.

١) (طرد - اليابان)

أ : ؟ ب :

أ : ؟ ب :

٢) (هديّة - المدير)

أ : ؟ ب :

أ : ؟ ب :

٣) (نقود - صديقك علي)

أ : ؟ ب :

أ : ؟ ب :

٤) (رسالة - أبيك)

أ : ______ ؟ ب : ______

أ : ______ ؟ ب : ______

٥) (جريدة - الأردن)

أ : ______ ؟ ب : ______

أ : ______ ؟ ب : ______

٦) (ملابس - سوريا)

أ : ______ ؟ ب : ______

أ : ______ ؟ ب : ______

٧) (فطور - المطعم)

أ : ______ ؟ ب : ______

أ : ______ ؟ ب : ______

٦. هات الأسئلة المناسبة للإجابات الآتية:

١) ______ ؟ وصلني ديوان شعر

٢) ______ ؟ يكلف الوزن ثلاث مئة جنيه

٣) ______ ؟ استلمه من مكتب البريد.

٤) ______ ؟ بالبريد العادي.

٥) ______ ؟ بعد أسبوعين تقريبا.

٦) ______ ؟ سأرسله إلى صديقي.

٧) ______ ؟ لا، هو ليس من مصر.

٨) ______ ؟ نعم .هو من اليمن.

٧. أجب عن الأسئلة الآتية مستعينا بما بين القوسين، كما في المثال:

كم طردا تسلمت هذا الشهر؟ (10)	تسلمت عشرة طرود

١) كم رسالة كتبت هذا الأسبوع؟ (11)

٢) كم قصّة قرأت هذا الشهر؟ (12)

٣) كم قميصا اشتريت هذا العام؟ (8)

٤) كم مدينة زرت هذه العطلة؟ (13)

٥) كم وجبة تأكل في اليوم؟ (3)

٦) كم محاضرة حضرت هذا الفصل؟ (15)

٧) كم صديقا قابلت هذا اليوم؟ (1)

٨) كم مباراة شاهدت هذا العام؟ (31)

٨. أجب عن الأسئلة الآتية مستعينا بمحادثة الدرس:

١) ما مهنة أحمد ؟

٢) ما مهنة عبد الكريم؟

٣) أين يعمل الأستاذ أحمد؟

٤) أين يعمل الأستاذ عبد الكريم؟

٥) ماذا أرسل أحمد لصديقه عبد الكريم؟

٦) هل أرسل أحمد الكتاب بالبريد السريع؟

٧) كم النقود التي دفعها أحمد؟ ولمن دفعها؟

٨) ماذا سجل أحمد على الظرف؟

٩) هل وصل الكتاب إلى منزل عبد الكريم؟

١٠) من أين استلم عبد الكريم الكتاب؟

٩. املأ الفراغ بالكلمات المناسبة:

أحمد أستاذ في ______ ، حين صدر له ______ شعره الجديد أراد أن يبعث منه نسخة إلى ______ الأستاذ عبد الكريم الذي ______ في ______ باليمن، فذهب إلى أحد ______ في القاهرة.

أحمد : أريد إرسال هذا ______ إلى ______

موظّف البريد : أيّ ______ من اليمن؟

أحمد : مدينة ______

موظّف البريد : أتريده بالبريد ______ أم ______ ؟

أحمد : بالبريد العادي.

موظّف البريد : تفضّل، ضع الكتاب على ______ سيكلفك هذا مع الطوابع ______ جنيه

أحمد : تفضّل، هذا هو المبلغ ______

موظّف البريد : تفضّل ، هذا هو ______

(الموظّف يدخل الكتاب في .... خاصّ و .... ثم يسلّم .... لأحمد.)

موظّف البريد : تفضّل، سجّل .... المطلوبة هنا على الظرف :اسم .... إليه و .... ورقم .... ، مع .... ورقم تلفونك.

(بعد أن .... التسجيل)

أحمد : متى يمكن أن .... الكتاب إلى اليمن؟

موظّف البريد : بعد أسبوعين ....

بعد أن وصل الكتاب إلى اليمن، وصلت الأستاذ عبد الكريم .... الآتية:

السلام عليكم ، أستاذ عبد الكريم.

عبد الكريم : وعليكم السلام ،مرحبا ، من .... ؟

موظّف البريد : معك مكتب البريد في .... ولك عندنا .... مرسل إليك من القاهرة.

عبد الكريم : شكرا، هل يمكن أن .... إلى منزلي؟

موظّف البريد : للأسف ، ليس لدينا في .... إمكانية لذلك.

عبد الكريم : لا مشكلة، سآتي إليكم حالا، قد .... المجيء ساعتين.

موظّف البريد : سنكون في ....

(بعد وصوله إلى المكتب)

عبد الكريم : السلام عليكم

موظّف البريد : وعليكم السلام

عبد الكريم : أنا الأستاذ عبد الكريم

موظّف البريد : مرحبا بك ، نحن ....

عبد الكريم : لا .... ، أين الطرد ؟

موظّف البريد : بطاقة .... لو سمحت.

عبد الكريم : هذه هي.

موظّف البريد : وهذا هو .... وقع هنا على الوصل ، لو سمحت.

عبد الكريم : وهو كذلك .ها قد وقعت، هل بقي شيء آخر؟

UNIT 03

١٠. كوّن جملا مستعملا الكلمات الّتي بين القوسين، كما في المثال:

(أنا - مكتب البريد - تسلّم - الرسائل)
ذهبت إلى مكتب البريد وتسلّمت الرسائل

١) (نحن - البنك - تسلّم - النقود)

٢) (فاطمة وليلى - المدرسة - أخذ - الكتب)

٣) (أبوبكر وإسماعيل - المكتبة - قرأ - الصحف والمجلّات)

٤) (هي - المستشفى - قابل - الطبيب)

٥) (هو - دكّان الملابس - اشترى - القميص الأزرق)

٦) (نبيل وعليّ وسالم - المختبر - أخذ - نتائج التحليل)

٧) (المهندسون - الشركة - سلّم - التقارير)

٨) (الطبيبان - المستشفى - فحص - المريض)

١١. هات الأسئلة مستعينا بما بين القوسين، كما في المثال:

(أنت - الإيصال)	هل معك الإيصال؟

١) (هو - الحقيبة) ؟

٢) (هي - الطرد) ؟

٣) (هما - رحلة) ؟

٤) (هم - نقود) ؟

٥) (هن - مقابلة) ؟

٦) (أنتِ - تذكرة) ؟

٧) (أنتما - أوراق) ؟

٨) (أنتم - كتاب اللغة العربيّة) ؟

٩) (أنتن - محاضرة) ؟

١٢. كوّن جملا مستعينا بما بين القوسين، كما في المثال؟

١) (كتب الدرس)

(أنا) كتبتُ الدرس.

(أنتَ) كتبتَ الدرس.

(أنتِ)

(أنتما)

(أنتم)

(أنتنّ)

(هو)

(هي)

(هما)

(هم)

(هن)

٢) (استلم الطرد)

(أنا)

(أنتَ)

(أنتِ)

(أنتما)

أنتم)

(أنتنّ)

(هو)

(هي)

(هما)

(هم)

(هن)

٣) (قرأ الرسالة)

(أنا)

(أنتَ)

(أنتِ)

(أنتما)

أنتم)

(أنتنّ)

(هو)

(هي)

(هما)

(هم)

(هن)

٤) (أرسل نقودا)

(أنا)

(أنتَ)

(أنتِ)

(أنتما)

أنتم)

(أنتنّ)

(هو)

(هي)

(هما)

(هم) ....

(هن) ....

٥) (قابل المدير)

(أنا) ....

(أنتَ) ....

(أنتِ) ....

(أنتما) ....

أنتم) ....

(أنتنّ) ....

(هو) ....

(هي) ....

(هما) ....

(هم) ....

(هن) ....

٦) (زار الطبيب)

(أنا) ....

(أنتَ) ....

(أنتِ) ....

(أنتما) ....

(أنتم) ....

(أنتنّ) ....

(هو) ....

(هي) ....

(هما) ....

(هم) ....

(هن) ....

٧) (سكن في الفندق)

(أنا) ....

(أنتَ) ....

(أنتِ) ....

(أنتما) ....

أنتم) ....

(أنتنّ) ....

(هو) ....

(هي) ....

(هما) ....

UNIT 03

١٣. اربط بين الجمل ، كما في المثال:

ذهب كريم إلى مكتب البريد .تسلّم كريم الطرود من البريد.
ذهب كريم إلى مكتب البريد وتسلم الطرود منه.

١) رجع المدير إلى الشرك. أخذ المدير الأوراق من الشركة.

٢) زار المريض الطبيب. قدّم المريض نتائج التحليل إلى الطبيب.

٣) سافر عبد الله إلى مصر. زار عبد الله في مصر الأهرام.

٤) وصل سعيد إلى السوق. اشترى سعيد لوازم البيت من السوق.

٥) حضر نبيل إلى الشركة. قابل نبيل مدير الشركة.

٦) شاهد وليد المباراة. أعجبت وليد المباراة.

٧) كتب محمّد رسالة لصديقه عليّ. أرسل محمّد الرسالة إلى صديقه عليّ.

٨) جاء الطالب الى المكتبة. أخذ الطالب من المكتبة كتابا.

١٤. اكتب الدرس في دفترك.

CONVERSATION 3

In the taxi

في التّاكسي

السائق : أهلًا وسهلًا، يا سيِّدتي. إلى أيْنَ تريدين أن تذهبي ؟

الراكبة : أريد أن أذهب إلى جامعة هان كوك.

السائق : نَعَمْ، حاضر.

الراكبة : كَمْ من الزَّمن تستغرق المسافة من هنا إلى جامعة هان كوك؟

السائق : تستغرق حوالي ربع ساعة إذا كان الطريق غير مزدحم ، ونصف ساعة أو أكثر إذا كان الطريق مزدحما.

الراكبة : إذن، الوقت مناسب، تفضّل.

السائق : هل أنت طالبة في جامعة هانكوك.

الراكبة : نعم. ومحاضراتي تبدأ في التاسعة والنصف.

السائق : لا بأس، فالوقت مايزال مبگرا، نحن الآن في الثامنة والنصف.

الراكبة : نعم.

(بعد ربع ساعة)

السائق : ها قد وصلنا.

الراكبة : شكرا، كم الحساب؟

السائق : الحساب خمسة عشر ألف وون.

الراكبة : تفضّل، هذه عشرون ألفا ، خذ حسابك.

السائق : شكرا ، وهذه خمسة آلاف تعود إليك.

Vocabulary

المفردات والتراكيب البسيطة

driver	سَائِقٌ	retutn/come back	تَعُودُ
passenger	رَاكِبٌ	returned	رَجَعَ
distance	مَسَافَةٌ	went quickly	أَسْرَعَ
about	حَوَالَي	slowed down	أَبْطَأَ
road/street	طَرِيقٌ	got off	نَزَلَ
crowded	مُزْدَحِمٌ	moved	تَحَرَّكَ
appropriate/ok	مُنَاسِبٌ	stopped	تَوَقَّفَ
account /fare	حِسَابٌ	calmed	هَدَأَ
Won	وُونْ	crossed	عَبَرَ
free/ not crowded	خَالٍ	next to/	جِوَارَ
station	مَحَطَّةٌ	every half-hour	رَأْسَ كُلِّ نِصْفِ سَاعَةٍ
speed	سُرْعَةٌ	when traffic light	عِنْدَمَا إِشَارَةُ المُرُورِ
pedestrians	مُشَاةٌ	platform	رَصِيفٌ
fare	أُجْرَةٌ	driving license	رُخْصَةُ القِيَادَةِ

Expressions

الجمل والتعبيرات

Where do you want to go?	إِلَى أَيْنَ تُرِيدِينَ أَنْ تَذْهَبِي ؟
How long will it take from here to the University of Hankuk?	كَمْ مِنَ الزَّمَنِ تَسْتَغْرِقُ الْمَسَافَةُ مِنْ هُنَا إِلَى جَامِعَةِ هَانْكُوك؟
What is the fare? How much will it cost?	كَمِ الْحِسَابُ؟
It takes about 15 minutes (a quarter of an hour) if there is no traffic but it will take 30 minutes (half –hour) or more if there is traffic.	تَسْتَغْرِقُ الْمَسَافَةُ حَوَالَي رُبْعَ سَاعَةٍ إِذَا كَانَ الطَّرِيقُ غَيْرَ مُزْدَحِمٍ ، وَنِصْفَ سَاعَةٍ أَوْ أَكْثَرَ إِذَا كَانَ الطَّرِيقُ مُزْدَحِمًا.
Then we have enough time to make it.	إِذَن الْوَقْتُ مُنَاسِبَ.
My lectures start at half past nine.	مُحَاضَرَاتِي تَبْدَأُ فِي التَّاسِعَةِ وَالنِّصْفِ
No problem (it's ok), we are ahead of time.	لَا بَأْس، فَالْوَقْتُ مَايَزَالُ مُبَكِرًا.
Time now in 08:30 (half past eight).	نَحْنُ الْآنَ فِي الثَّامِنَةِ وَالنِّصْفِ.
Here we arrived.	هَا قَدْ وَصَلْنَا.
The fare is 15000 Won (fifteen thousand won).	اَلْحِسَابُ خَمْسَةَ عَشَرَ أَلْفَ وُون.
This is twenty thousand, take your fare.	هَذِهِ عِشْرُونَ أَلْفاً ، خُذْ حِسَابَكَ.
Five thousand change, here you are	هَذِهِ خَمْسَةُ آلَافٍ تَعُودُ إِلَيْكِ.

Language Practice

التدريبات

١. ترجم إلى العربيّة (تمرين شفهيّ عن المفردات والجمل، يشترك به الطّلاب كافّة)

٢. أَكْمِلِ الْفَرَاغَ بِمَا يُنَاسِبُ:

١) ...... أيْنَ تريدين ...... تذهبي؟

٢) أريد ...... أذهب ...... جامعة هان كوك.

٣) ...... من الزّمن تستغرق المسافة ...... هنا ...... جامعة هان كوك؟

٤) تستغرق حوالي ...... ساعة ...... كان الطريق غير ...... و ...... أو ...... إذا كان ......

٣. صل كلّ لفظ من المجموعة (أ) باللفظ المعاكس له من المجموعة (ب):

المجموعة (أ)	المجموعة (ب)
- فتح	رجع
- ذهب	أغلق
- أسرع	كثير
- قليل	أبطأ
- نزل	تحرّك
- توقّف	أخرج
- مزدحم	طلع
- أدخل	خال

٤. اكمل المحادثة الآتي:

1) ....؟

أركب الأوتوبيس رقم ......

2) ....؟

المحطّة هناك خلف مبنى البنك.

3) ....؟

فِي رأس كلّ نصف ساعة.

4) ....؟

من الخامسة صباحا وحتّى الثانية عشر ليلا.

٥. أكمِلْ بِمَا يُنَاسِبُ :

١) الشارع مزدحم ب.........

٢) الحقيبة مزدحمة ب.........

٣) الفصل مزدحم ب.........

٤) الملعب مزدحم ب.........

٥) المكتبة مزدحمة ب.........

٦) المدرسة مزدحمة ب.........

٦. أجب عن الأسئلة الآتية مستخدما الكلمات الّتي بين القوسين، كما في المثال:

متى هدّأ السائق السرعة؟ (ظهر الضوء الأصفر)
هدّأ السائق السرعة عندما ظهر الضوء الأصفر.
عندما ظهر الضوء الأصفر، هدّأ السائق السرعة.

١) متى أوقف السائق السيّارة؟ (ظهر الضوء الأحمر)

٢) متى عبر السائق بالسيّارة؟ (ظهر الضوء الأخضر)

٣) متى عبر المشاة الشارع؟ (وقفت السيارات)

٤) متى عاد الطلّاب إلى الدراسة؟ (بدأت الدراسة)

٥) متى دفعت الراكبة الأجرة (أوصلها السائق إلى بيتها)

UNIT 03

٧. أعد التدريب السابق مستخدما الفعل المضارع، كما في المثال:

متى يهدِّئ السائق السرعة؟ (يظهر الضوء الأصفر)

يهدِّئ السائق السرعة عندما يظهر الضوء الأصفر.

عندما يظهر الضوء الأصفر، يهدِّئ السائق السرعة.

١) متى يوقف السائق السيّارة؟ (يظهر الضوء الأحمر)

٢) متى يعبر السائق بالسيّارة؟ (يظهر الضوء الأخضر)

٣) متى يعبر المشاة الشارع؟ (تتوقف السيّارات)

٤) متى يعود الطّلاب إلى الدراسة؟ (تبدأ الدراسة)

٥) متى تدفع الراكبة الأجرة (يوصلها السائق إلى بيتها)

٦) متى يكون الامتحان الأخير (ينتهي الفصل)

٨. اربط بين كل جملتين مستخدما "كان" و "قد" كما في المثال:

(عبر المشاة الشارع – الحافلة وقفت)
عندما عبر المشاة الشارع كانت الحافلة قد وقفت.

١) (دخل الطّلاب الصف- المحاضرة بدأت)

٢) (عبرت السيّارة الشارع- الضوء الأحمر ظهر)

٣) (حضر الطبيب إلى المستشفى- المريض توفّى)

٤) (وصل المدير إلى الشركة – الموظّفون بدأوا العمل)

٥) (طلبت الجامعة الكتب- الطالب أكمل قراءتها)

٦) (رجع الأب إلى البيت- الأولاد ناموا)

٩. أجر التدريب ، كما في المثال:

(ليس الوقوف أمام المبنى ولكن بجوار الرصيف)

هل أقف هنا أمام المبنى؟ لا، لا تقف أمام المبنى.

أين أقف، إذن؟ قف هناك بجوار الرصيف.

١) (ليس الانتظار خلف المكتب ولكن عند باب المكتب.)

.... ؟ ....

.... ؟ ....

٢) (ليس الجلوس أمام الباب ولكن داخل الغرفة.)

.... ؟ ....

.... ؟ ....

٣) (ليس الوقوف بعد الإشارة ولكن الوقوف قبل الإشارة.)

.... ؟ ....

.... ؟ ....

٤) (ليس الانتظار أمام الشركة ولكن عند الموقف.)

.... ؟ ....

.... ؟ ....

٥) (ليس الجلوس خارج الفندق ولكن في قاعة الاستقبال.)

.... ؟ ....

.... ؟ ....

٦) (ليس الوقوف أمام المحلّ ولكن بجانب المحلّ.)

.... ؟ ....

.... ؟ ....

١٠. هات الأسئلة والأجوبة مستخدما العبارات التي تسمعها، كما في المثال:

المشاة يعبرون الشارع.
هل أعبر الشارع؟ نعم، أعبره أنت أيضا.

١) الطلاب يكتبون الدرس.
؟

٢) الزملاء سيحضرون المحاضرة.
؟

٣) الأساتذة سيركبون الحافلة.
؟

٤) السائقون يسرعون في الطريق.
؟

٥) الأصدقاء ينتظرون في النادي.
؟

٦) الموظّفون سيذهبون إلى الشركة.
؟

١١. أجر التدريب ، كما في المثال:

(إيقاف السيَّارة هنا/ ليس هناك)
أنت توقف السيَّارة هناك ! أوقفها هنا ولا توقفها هناك.

١) عبور الشارع من هناك/ ليس من هنا
!

UNIT 03

٢) كتابة الدرس اليوم/ ليس غدا

!

٣) قراءة القصّة في البيت/ ليس في الصف

!

٤) أكل السمك في المطعم/ ليس في النادي

!

٥) اللعب في الحديقة/ ليس في الشارع

!

٦) استقبال الضيوف في البيت/ ليس في الفندق

!

٧) شراء الفاكهة من السوق/ ليس من المطعم

!

١٢. أجر المحادثة ، كما في المثال:

(رخصة القيادة)

هات الرخصة، من فضلك.

أيّ رخصة تريد؟ رخصة القيادة.

تفضّل، ها هي.

١) (مفتاح السيّارة)

،

؟

،

٢) (كتاب القراءة)

،

؟

،

٣) (ورقة الأسئلة)

،

؟

،

٤) (ملابس الأطفال)

،

؟

،

٥) (تقرير الشركة)

،

؟

،

٦) (فاتورة الحساب)

،

؟

،

١٣. اكْتُبِ الدَّرْسَ فِي دَفْتَرِك.

UNIT 4

الوحدة الرابعة : سياحة

- حديقة الحيوان
- نزهة على شاطئ البحر
- زيارة للأهرامات

In the Zoo

حديقة الحيوان

كريم : ما رأيكم، يا زملائي، بزيارة حديقة للحيوان؟

أحمد : أيّ حديقةٍ؟

كريم : حديقة سيول.

سالم : متى؟

كريم : أقترح السبت القادم.

عبد الله : ولكن لماذا حديقة سيول؟

كريم : الحقيقة هي جزء من مجمّع يضمّ حدائق منوّعة : نباتيّة وحيوانيّة مع ممرّات للتّجوال، وتعدّ حديقة الحيوان فيه من أكبر الحدائق من نوعها في العالم إذ تحوي 3,200 حيوان من 340 فصيلة مختلفة.

كريم : هذه معلومات قيّمة، وهي بالفعل تستحقّ الزيارة.

كريم : ألم تزوروها من قبل؟

أحمد : أنا زرتها قبل ثلاث سنوات ، لكنْ يبدو أنّها قد تطوّرت كثيرا.

سالم : أمّا أنا فستكون هذه أوّل زيارة لي، ولذا ستكون متعتي كبيرة.

عبد الله : وأنا كذلك ، وهل فيها مطعم؟

كريم : بالتّأكيد ، ففيها أكثر من مطعم ، وهي تقدّم وجبات شهيّة ومناسبة.

سالم : كم رسوم الدخول؟

كريم : قليلة، لا تتعدّى 2,000 وون والدوام فيها من التاسعة صباحا إلى السابعة مساء.

أحمد : اتّفقنا، أليس كذلك؟

الجميع : بلى، إنّه كذلك.

Vocabulary

المفردات والتراكيب البسيطة

appetite	شَهِيَّةٌ	The zoo	حَدِيقَةُ حيَوَانٍ
suitable	مُنَاسِبَةٌ	fees	رُسُومٌ
opening hours	دَوَامٌ	entrance	دُخُولٌ
subfamily	فَصِيلَةٌ	compound	مُجَمَّعٌ
part	جُزْءٌ	botanical	نَبَاتِيَّةٌ
I suggest	أَقْتَرِحُ	zoological	حَيَوَانِيَّةٌ
Is considered	تُعَدُّ	passageway	مَمَرٌّ
Include(m./f.)	يَضُمُّ/ تَحْوِي	walking/roaming	تَجَوُّلٌ
(It) deserves	تَسْتَحِقُّ	valuable information	مَعْلُومَةٌ قَيِّمَةٌ
seems s (v)	يَبْدُو	fun	مُتْعَةٌ
developed s (v)	تَطَوَّرَتْ	agreed	اِتَّفَقَ
offers (v)	تُقَدِّمُ	famous for	تَشْتَهِرُ
exceeds (v)	تَتَعَدَّى	already	بِالْفِعْلِ
many gardens	حَدَائِقُ مُنَوَّعَةٌ	entry fees	رُسُومُ الدُّخُولِ
		does not exceed	لَا تَتَعَدَّى

Expressions

الجمل والتعبيرات

Colleagues, what do you think about visiting a zoo?	مَا رَأْيُكُمْ، يَا زُمَلَائِي، بِزِيَارَةِ حَدِيقَةٍ لِلْحَيَوَانِ؟
Which one?	أَيُّ حَدِيقَةٍ؟
But why the Seoul zoo?	وَلَكِنْ لِمَاذَا حَدِيقَةُ سِيُول؟
Have you ever visited it?	أَلَمْ تَزُورُوهَا مِنْ قَبْلُ؟
How much is the entrance fee?	كَمْ رُسُومُ الدُّخُولِ؟
Isn't it?	أَلَيْسَ كَذَلِكَ؟
I suggest next Saturday.	أَقْتَرِحُ السَّبْتَ الْقَادِمَ.
Really, it is worth visiting.	هِيَ بِالْفِعْلِ تَسْتَحِقُّ الزِّيَارَةَ.
I visited it three years ago.	أَنَا زُرْتُهَا قَبْلَ ثَلَاثِ سَنَوَاتٍ.
It seems that it improved a lot.	يَبْدُو أَنَّهَا قَدْ تَطَوَّرَتْ كَثِيرًا.
As for me, this will be my first visit to the zoo.	أَمَّا أَنَا فَسَتَكُونُ هَذِهِ أَوَّلَ زِيَارَةٍ لِي.
I will be so happy.	سَتَكُونُ مُتْعَتِي كَبِيرَةً.
There is more than one restaurant which offer delicious food for affordable prices.	فِيهَا أَكْثَرُ مِنْ مَطْعَمٍ ،وَهْيَ تُقَدِّمُ وَجَبَاتٍ شَهِيَّةً وَمُنَاسِبَةً.
Entry fee is not much; it does not exceed 2000 Won.	رُسُومُ الدُّخُولِ قَلِيلَةٌ، لَا تَتَعَدَّى 2,000 وون .
Opening hours are from 9 am -7pm.	اَلدَّوَامُ فِيهَا مِنَ التَّاسِعَةِ صَبَاحًا إِلَى السَّابِعَةِ مَسَاءً.

Language Practice

التدريبات

١. ترجم إلى العربيّة (تمرين شفهيّ عن المفردات والجمل، يشترك به الطّلاب كافّة)

٢. أجر التمرين، كما في المثال:

ستكون متعتي كبيرة	(أنا)
ستكون متعته كبيرة	(هو)

١) .... (هي)

٢) .... (هما)

٣) .... (هم)

٤) .... (هنّ)

٥) .... (أنتَ)

٦) .... (أنتِ)

٧) .... (أنتما)

٨) .... (أنتم)

٩) .... (أنتنّ)

١٠) .... (نحن)

٣. أجر التمرين،كما في المثال:

اتفقنا معه على الزيارة	(نحن - هو)

١) .... (هو - نحن)

٢) .... (هو - هي)

٣) .... (نحن - هي)

٤) .... (هي - هو)

٥) .... (هي - نحن)

٦) .... (نحن - هم)

٧) .... (هم - نحن)

٨) .... (هي - هم)

٩) .... (هو - هم)

١٠) .... (هم - هي)

١١) .... (هم - هي)

١٢) .... (هم - هو)

١٣) .... (نحن - هنّ)

١٤) .... (هنّ - نحن)

١٥) .... (هي - هنّ)

١٦) .... (هو - هنّ)

١٧) .... (أنا - أنتَ)

١٨) .... (أنا - أنتِ)

١٩) .... (أنا - أنتم)

٢٠) .... (أنا - أنتنّ)

٢١) .... (أنتَ - أنا)

٢٢) .... (أنتِ - أنا)

٢٣) .... (أنتم - أنا)

٢٤) .... (أنتنّ - أنا)

٤. أجر التمرين، كما في المثال:

أقترح أن تكون الزيارة السبت القادم	(أنا)
يقترح أن تكون الزيارة السبت القادم	(هو)

١) .... (هي)

٢) .... (هما)

٣) .... (هم)

٤) .... (هنّ)

٥) .... (أنتَ)

٦) .... (أنتِ)

٦) .... (أنتما)

٨) .... (أنتم)

٩) ________ (أنتنّ)

١٠) ________ (نحن)

٥. أعد تركيب الجملة مستعينا بما بين القوسين مع تغيير ما يلزم ، كما في المثال:

يضمّ المجمّع حدائق منوّعة (المجمّع)
يضمّ المجمّعان حدائق منوّعة (المجمّعان)
تضمّ المجمّعات حدائق منوّعة (المجمّعات)

المجمّع يضمّ حدائق منوّعة (المجمّع)
المجمّعان يضمّان حدائق منوّعة (المجمّعان)
المجمّعات تضمّ حدائق منوّعة (المجمّعات)

١) يقدّم المطعم وجبات شهية (المطعم)

________ (المطعمان)

________ (المطاعم)

المطعم________ (المطعم)

________ (المطعمان)

________ (المطاعم)

٢) تحوي الحديقة حيوانات مختلفة (الحديقة)

________ (الحديقتان)

________ (الحدائق)

الحديقة________ (الحديقة)

________ (الحديقتان)

________ (الحدائق)

٣) الحديقة تستحقّ الزيارة (الحديقة)

.... (الحديقتان)

.... (الحدائق)

.... تستحقّ. (الحديقة)

.... (الحديقتان)

.... (الحدائق)

٦. أكمل الفراغ بما يناسب في ضوء نصّ المحادثة:

كريم : ما رأيكم، يا زملائي، ب........ حديقة للحيوان؟

أحمد : أيّ حديقة؟

كريم : حديقة........

سالم : متى؟

كريم : السبت القادم.

عبد الله : ولكن لماذا........ ؟

كريم : الحقيقة هي جزء من........ يضمّ حدائق........ : .... و........ مع ممرّات ل........

وتعدّ حديقة الحيوان فيه من........ الحدائق من نوعها في العالم ، إذ تحوي 3200 ....

من 340 فصيلة مختلفة.

سالم : هذه........ قيّمة، وهي بالفعل........ الزيارة.

كريم : تزوروها من قبل؟

أحمد : أنا زرتها........ ثلاث سنوات ، لكنْ يبدو أنّها قد........ كثيرا.

سالم : أمّا أنا فستكون هذه........ زيارة لي، ولذا ستكون........ كبيرة.

عبد الله : وأنا كذلك . وهل........ مطعم؟

كريم : ب........ ، ففيها........ مطعم ، وهي........ .... شهيّة ومناسبة.

سالم : كم........ الدخول؟

كريم : قليلة، لا........ 2000 وون و........ فيها من التاسعة صباحا إلى السابعة مساء.

أحمد : .... أليس كذلك؟

الجميع : بلى، إنّه كذلك.

UNIT 04

٧. هات السؤال المناسب لكلّ جواب ممّا يأتي:

١) .... ؟ لا، هذه أوّل زيارة لي.

٢) .... ؟ نعم، فيها مطاعم كثيرة

٣) .... ؟ تقدّم وجبات شهيّة ومنوّعة

٤) .... ؟ تحوي 3,200 حيوان

٥) .... ؟ يضمّ المجمّع حدائق منوّعة

٦) .... ؟ أقترح أن تكون الزيارة غدا

٧) .... ؟ رسوم الدخول لا تتعدّى 2,000 وون.

٨) .... ؟ الدّوام من التّاسعة صباحا الى السّابعة مساء

٨. هات الأسئلة والأجوبة مستعينا بما بين القوسين ،كما في المثال:

(حديقة الحيوان – يأتي – أنتما)
سنزور حديقة الحيوان، هل تأتيان معنا؟
لا لن نأتي.، نعم سنأتي.
(حديقة الحيوان - أنتم)
سنزور حديقة الحيوان، هل تأتون معنا؟
لا لن نأتي. نعم سنأتي.

(حديقة الحيوان -أنتِ)
سنزور حديقة الحيوان، هل تأتين معنا؟
لا . لن آتي. نعم سنآتي.

١) (مكتبة الجامعة – يذهب – أنتما)

سنزور ....، ....؟

..........................، ....

٢) (مكتبة الجامعة - يذهب – أنتم)

سنزور ....، ....؟

....

٣) (مكتبة الجامعة - يذهب – أنتِ)

سنزور ....، ....؟

..........................، ....

٤) (مكتبة الجامعة - يذهب – أنتَ)

سنزور ....، ....؟

..........................، ....

٥) (مكتبة الجامعة - يذهب – أنتنّ)

سنزور ....، ....؟

..........................، ....

٦) (الأهرام - يسافر – أنتما)

سنزور ....، ....؟

..........................، ....

٧) (الأهرام - يسافر – أنتم)

سنزور ....، ....؟

..........................، ....

٨) (الأهرام - يسافر – أنتنّ)

سنزور ....، ....؟

..........................، ....

UNIT 04

٩) (الأهرام - يسافر – أنتَ)

سنزور .... ، .... ؟

.... ، ....

١٠) (الأهرام - يسافر – أنتِ)

سنزور .... ، .... ؟

.... ، ....

١١) (المتحف الوطنيّ – يحضر -أنتما)

سنزور .... ، .... ؟

.... ، ....

١٢) (المتحف الوطنيّ – يحضر -أنتم)

سنزور .... ، .... ؟

.... ، ....

١٣) (المتحف الوطنيّ – يحضر -أنتنّ)

سنزور .... ، .... ؟

.... ، ....

١٤) (المتحف الوطنيّ – يحضر -أنتَ)

سنزور .... ، .... ؟

.... ، ....

١٥) (المتحف الوطنيّ – يحضر -أنتِ)

سنزور .... ، .... ؟

.... ، ....

٩.أجر التمرين ،كما في المثال:

(الدراسة في الجامعة – ٩:٣٠- ٥:٣٠)
تبدأ الدراسة في الجامعة من الساعة التاسعة والنصف صباحا وتنتهي في الخامسة والنصف مساء.

١) (العمل في الشركة – ٨:٠٠- ٥:٠٠)

٢) (الدوام في الحديقة- ٩:٠٠- ٧:٠٠)

٣) (المباراة – ٣:١٠- ٤:٠٠)

٤) (الرحلة – ١٠:٢٠- ٦:١٥)

٥) (العمل في المطعم – ٨:٠٠- ١١:٠٠ ليلا)

٦) (الاستراحة – ١١:٢٠- ١٢:٣٠)

٧) (يعمل أتوبيس طلّاب الجامعة- ٨:٠٠- ٩:٠٠)

٨) (المحاضرة الأولى ٩:٣٠- ١٠:٢٠)

UNIT 04

١٠. أجب عن الأسئلة الآتية:

١) بين من ومن كانت المحادثة؟

٢) من الذي اقترح الزيارة؟

٣) ما الحدائق التي يضمّها المجمع؟

٤) بماذا تشتهر حديقة الحيوان في سيول؟

٥) متى زار أحمد حديقة الحيوان؟

٦) هل زار سالم حديقة الحيوان من قبل؟

٧) ماذا تقدّم مطاعم الحديقة؟

٨) كم رسوم الدخول؟

٩) متى الدوام في الحديقة؟

١١. أعد تركيب الجملة مع تغيير ما يلزم ،كما في المثال:

زرت حديقة الحيوان قبل ثلاث سنوات.
حديقة الحيوان زرتها قبل ثلاث سنوات.
قبل ثلاث سنوات زرت حديقة الحيوان.

١) كتبت الواجب البارحة.

٢) شاهدت مباراة كرة القدم قبل يومين.

٣) أرسلت هديّة لصديقي قبل أسبوع.

٤) رجعت من القاهرة في نهاية العام الماضي.

٥) بدأت الدراسة قبل شهرين.

٦) زرت الدوحة في عطلة الشتاء.

٧) أشتريت هذه الحقيبة في السبت الماضي.

٨) قرأت الكتاب الجديد أمس.

١٢. أعد تركيب الجملة مع تغيير ما يلزم:

١) ما رأيكم، يا زملائي، بزيارة حدائق مدينتكم؟

ما رأيكَ، يا ....، ....؟

ما رأيكِ، يا ....، ....؟

ما رأيكما، يا ....، ....؟

ما رأيكنّ، يا ....، ....؟

٢) فيها مطعم يقدّم وجبات شهيّة ومناسبة.

فيها مطعمان ....

فيها مطاعم ....

٣) هذه الحديقة تطوّرت كثيرا.

هاتان الحديقتان ....

هذان المطعمان ....

هذه الفنادق ....

هذا المستشفى ....

هؤلاء الرياضيّون ....

هاتان المهندستان ....

١٣. أكمل الجملة بما يناسب مستعينا بما بين القوسين، كما في المثال:

هذه هي الزيارة الأولى (1)

١) هذه هي الزيارة .... (2)

٢) هذه هي الزيارة .... (3)

٣) هذه هي الزيارة .... (4)

٤) هذه هي الزيارة .... (5)

٥) هذه هي الزيارة .... (6)

٦) هذه هي الزيارة .... (7)

٧) هذه هي الزيارة .... (8)

٨) هذه هي الزيارة .... (9)

٩) هذه هي الزيارة .... (10)

١٠) هذه هي الزيارة .... (12)

١١) هذه هي الزيارة .... (13)

١٤. اكتب الدرس في دفترك.

بسم الله الرحمن الرحيم

Picnic at the beach

نزهة على شاطئ البحر

أسعد : هل تأتي إلى الشاطئ كثيرا؟

نادر : نعم .أحضر إليه كلّ يوم ولو ساعة.

أسعد : لماذا؟

نادر : لأنّ الجوّ هنا جميل، منعش للنفس، ونقيّ خالٍ من الجراثيم، ولذلك فهو مفيد ونافع للجسم.

أسعد : صحيح ، يا أخي ! عندك حقّ .وهل تجيد السباحة؟

نادر : نعم .ولكن لماذا تسأل؟

أسعد : هل يمكن أن نسبح في مياه البحر؟

نادر : نعم ، ولكن ليس دائما، لأنّ البحر يكون أحيانا هائجا، وقد لا يكون محميّا من الأسماك المؤذية.

أسعد : فهمت، شكرا

نادر : لا شكر على واجب.

Vocabulary

المفردات والتراكيب البسيطة

pure	عَذْبٌ	playing on the flute	الْعَزْفُ عَلَى النَّايِ
longer/taller	أَطْوَلُ	beach	شَاطِئٌ
smaller/shorter	أَصْغَرُ	refreshing	مُنْعِشٌ
bigger/greater	أَكْبَرُ	pure/ clean	نَقِيٌّ
more	أَكْثَرُ	free of/ void of	خَالٍ
more beautiful	أَجْمَلُ	germs/microbes	جَرَاثِيمٌ
cheaper	أَرْخَصُ	useful	مُفِيدٌ/ نَافِعٌ
more expensive	أَغْلَى	body	جِسْمٌ
smarter	أَذْكَى	right	حَقٌّ
higher	أَعْلَى	swimming	سِبَاحَةٌ
lower	أَدْنَى	high waves	بَحْرٌ هَائِجٌ
faster	أَسْرَعُ	protected	مَحْمِيٌّ
masters (v)	تُجِيدُ	harmful	مُؤْذِيَةٌ
It stems	تَنْبُعُ	playing	عَزْفٌ
It falls	تَصُبُّ	flute	نَايٌ
if only an hour	وَلَوْ سَاعَةً	piano	بِيَانُو
you are right	عِنْدَكَ حَقٌّ	poety	شِعْرٌ
sea water	مِيَاهُ الْبَحْرِ	humour	فُكَاهَةٌ
not always	لَيْسَ دَائِمًا	salty/ saline	مَالِحٌ

Expressions

الجمل والتعبيرات

Do you come to the beach quite often?	هَلْ تَأْتِي إِلَى الشَّاطِئِ كَثِيرًا؟
But, why do you ask?	وَلَكِنْ لِمَاذَا تَسْأَلُ؟
Can you swim?	هَلْ تُجِيدُ السِّبَاحَةَ؟
Can we swim in sea water?	هَلْ يُمْكِنُ أَنْ نَسْبَحَ فِي مِيَاهِ الْبَحْرِ؟
I come to the beach every day, even if is for just an hour.	أُحْضُرُ إِلَى الشَّاطِئِ كُلَّ يَوْمٍ، وَلَوْ سَاعَةً.
The weather here is great; it is good, pure and clean (free of germs). Hence, it's useful for the body.	اَلْجَوُّ هُنَا جَمِيلٌ، مُنْعِشٌ لِلنَّفْسِ، وَنَقِيٌّ وَخَالٍ مِنَ الْجَرَاثِيمِ، وَلِذَلِكَ فَهُوَ مُفِيدٌ وَنَافِعٌ لِلْجِسْمِ
Sometimes sea waves are high.	اَلْبَحْرُ يَكُونُ أَحْيَانًا هَائِجًا
It may not protected from harmful fishes.	قَدْ لَا يَكُونُ مَحْمِيًّا مِنَ الْأَسْمَاكِ الْمُؤْذِيَةِ.
Got it, understand.	فَهِمْتُ.
My pleasure.	لَا شُكْرَ عَلَى وَاجِبٍ.

Language Practice

التدريبات

١. ترجم إلى العربيّة (تمرين شفهيّ عن المفردات والجمل، يشترك به الطلّاب كافّة)

٢. أجر الحوار ، مستعينا بما بين القوسين ، كما في المثال:

(الشاطئ - يأتي)
أ :هل تأتي إلى الشاطئ كثيرا؟
ب :نعم، ولكن لماذا تسأل؟
أ :أريد أن آتي معك.

١) (المكتبة - يذهب)
أ : .... ؟
ب : .... ؟
أ : ....

٢) (مصر - يسافر)
أ : .... ؟
ب : .... ؟
أ : ....

٣) (المتحف - يزور)
أ : .... ؟
ب : .... ؟
أ : ....

٤) (النادي - يلعب)

أ : ؟

ب : ؟

أ :

٥) (المدرسة - يحضر)

أ : ؟

ب : ؟

أ :

٦) (الطريق - يمشي)

أ : ؟

ب : ؟

أ :

٧) (السينما - يشاهد)

أ : ؟

ب : ؟

أ :

٣. أجر التمرين مستعينا بما بين القوسين، كما في المثال:

(السباحة)

هل تجيد السباحة؟

نعم ،أجيدها.   لا ، لا أجيدها

١) (رياضة كرة القدم)

أ : ؟

ب : :

٢) (القراءة)

أ : ؟

ب : :

٣) (الكتابة)

أ : ؟

ب : :

٤) (الرسم)

أ : ؟

ب : :

٥) (الغناء)

أ : ؟

ب : :

٦) (العزف على الناي)

أ : ؟

ب : :

٧) (الشعر)

أ : ؟

ب : :

٨) (الفكاهة)

أ : ؟

ب : :

٤. أجر التمرين، كما في المثال:

هل يمكن أن نسبح في مياه البحر؟ (نحن)

١) ؟ (هو)

٢) .... ؟ (هي)

٣) .... ؟ (هما)

٤) .... ؟ (هم)

٥) .... ؟ (هنّ)

٦) .... ؟ (أنا)

٧) .... ؟ (أنتَ)

٨) .... ؟ (أنتِ)

٩) .... ؟ (أنتما)

١٠) .... ؟ (أنتم)

١١) .... ؟ (أنتنّ)

.... ؟ (نحضر إلى الشاطئ)

١) .... ؟ (هو)

٢) .... ؟ (هي)

٣) .... ؟ (هما)

٤) .... ؟ (هم)

٥) .... ؟ (هنّ)

٦) .... ؟ (أنا)

٧) .... ؟ (أنتَ)

٨) .... ؟ (أنتِ)

٩) .... ؟ (أنتما)

١٠) .... ؟ (أنتم)

١١) .... ؟ (أنتنّ)

٥. املأ الفراغ بالكلمة المناسبة مما بين القوسين:

(مفيد ، أطول ، أصغر ، أكبر، أكثر ، أجمل، أرخص، أغلى ، أذكى، أسرع)

١) الجو هنا منعش وخال من الجراثيم، ولذلك فهو ...... للجسم.

٢) عمري 23 عاما وعمر أخي 22 عاما، ولذلك فأنا ...... منه وهو ...... منّي.

٣) أشتريت هذا الكتاب بعشرة الآف وون وأشتريت هذا القلم بخمسة الآف، ولذلك فالكتاب ...... من القلم والقلم ...... من الكتاب.

٤) طول الجدار 4 أمتار وطول السبورة 3 أمتار، ولذلك فهو ...... منها وهي ...... منه .

٥) الخريف ليس فيه برد كالشتاء ولا حرّ كالصيف، ولذلك فهو ...... منهما.

٦) الطائرة ...... من القطار.

٧) الطالب عبد الله يجيب عن الأسئلة كلّها والطالب صلاح يجيب عن بعضها فقط، ولذلك فعبد الله ...... من صلاح .

٦. أجب عن الأسئلة الآتية:

١) بين من ومن كانت المحادثة؟

٢) من الذّي يحضر إلى الشاطئ كلّ يوم؟ ولماذا؟

٣) هل يجيد نادر السباحة؟

٤) لماذا لا تمكن السباحة في مياه البحر دائما؟

٧. هات الأسئلة المناسبة للإجابات الآتية:

١) ...... ؟ لا .لا أجيد السباحة.

٢) ...... ؟ نعم .أجيد السباحة.

٣) ؟ ليس دائما، لأنّ البحر يكون أحيانا هائجا.

٤) ؟ الجوّ هنا جميل.

٥) ؟ أفضّل وقت المساء.

٦) ؟ يمكن أن نسبح معا غدا.

٧) ؟ آتي إلى شاطئ البحر كلّ يوم.

٨) ؟ نعم .إنّها مالحة.

٩) ؟ لا ، لا توجد في البحار إلّا المياه المالحة .

٨. كوّن جملا من المفردات الّتي بين القوسين ،كما في المثال:

(فيه - نسبح - البحر - يذهب - نحن)
نذهب إلى البحر ونسبح فيه

١) (في البحر - من النهر- المياه العذبة - تأتي - تصبّ)

٢) (إذا كان - مفيد ونافع - خاليا من الجراثيم - الجسم - الجو)

٣) (فيه - النهر - أسماك - لا توجد - مؤذية)

٤) (مالحة - كلّها - البحر - مياه)

٥) (الشاطئ - أنا - يحبّ - الذهاب - إلى)

٦) (يبدو - تطوّرت - قد - الحديقة - أنّها - كثيرا)

٧) (عن - السباحة - كرة القدم - يفضّل -هنّ)

٩. حوّل الجملة" أ "إلى صيغها في" ب "و"ت"و"ث"،كما في المثال:

أ : يجيد عليّ وأحمد السباحة

ب : عليّ وأحمد يجيدان السباحة

ت : السباحة يجيدها عليّ وأحمد

ث : يجيد السباحة عليّ وأحمد

١) أ : يجيد عليّ وأحمد وخالد السباحة.

ب :

ت :

ث :

٢) أ : تجيد فاطمة وندى الغناء.

ب :

ت :

ث :

٣) أ : تحبّ فاطمة وندى وزينب كرة السلة.

ب :

ت :

ث :

٤) أ : زار عبد الله حديقة الحيوان.

ب :

ت :

ث :

٥) أ : حضر عليّ وعبد الله المحاضرة.

ب :

ت :

ث :

٦) أ : تأتي ليلى ونادية إلى الشاطئ.

ب :

ت :

ث :

١٠. أجب عن الأسئلة الآتية:

١) هل تذهب إلى الشاطئ؟

٢) متى تذهب إليه عادة؟

٣) مع من تذهب؟

٤) لماذا تذهب ؟

٥) أين الشواطئ الجميلة في كوريا؟

١١. أجر التمرين، كما في المثال:

كم مرّة في اليوم تأتي إلى الشاطئ؟	(1)	آتي إليه مرّة واحدة

١) كم مرّة في الأسبوع تأتي إلى الجامعة؟ (5)

٢) كم مرّة في الشهر تزور الطبيب؟ (2)

٣) كم محاضرة لديك في اليوم؟ (8)

٤) كم كتابا قرأت؟ (6)

٥)كم فلما شاهدت؟ (10)

٦) كم ورقة كتبت؟ (11)

٧) كم بلدا زرت؟ (12)

٨) كم رسالة بعثت؟ (24)

٩) كم طالبا قابلت؟ (31)

١٠) كم وجبة تأكل في اليوم؟ (3)

١٢. اكتب الدرس في دفترك.

بسم الله الرحمن الرحيم

Visiting the Pyramids

زيارة للأهرام

عبد الله : السلام عليكم، والحمد لله على سلامتك.

سلمان : وعليكم السلام، أهلا وسهلا ، تفضّل يا أخي.

عبد الله : سمعت أنّك وصلت من مصر ، فجئت لزيارتك.

سلمان : جزاك الله خيرا.

عبد الله : كيف كانت رحلتك إلى مصر؟

سلمان : كانت ممتعة جدّا، فقد زرت الأهرام ، وتعرّفت من خلالها على إحدى عجائب الدنيا السبع ، إنّها بحقّ من أعظم ما شيّده الإنسان في التاريخ.

عبد الله : أراك سعيداً جدّا .هل روّحت عن نفسك؟

سلمان : نعم، روّحت عن نفسي، وعرفت شيئا ما كان يخطر على بال ، فقد اندهشت لما في الأهرام من إبداع ومهارة محكمة تتحدّى الزمن وتجسّد عظمة العقل المبدع .

عبد الله : والله، لقد شوّقتني إلى زيارتها.

سلمان : أتمنّى ألّا تفوتك فرصة زيارتها، يا أخي.

عبد الله : إن شاء الله.

Vocabulary

المفردات والتراكيب البسيطة

monument/signpost	مَعْلَمٌ	enjoyable	مُمْتِعَةٌ
archeological	أَثَرِيٌّ	the pyramids	اَلْأَهْرَامُ
profitable	مُرْبِحَةٌ	really, actually	بِحَقٍّ
good	طَيِّبَةٌ	the greatest	أَعْظَمُ
Holy/blessing	مُبَارَكَةٌ	history	تَارِيخٌ
tired	مُتْعِبَةٌ	mind/thinking	بَالٍ
entertained/enjoyed	رَوَّحْتَ	creativity	إِبْدَاعٌ
reached	وَصَلْتَ	opportunity	فُرْصَةٌ
comes to mind	يَخْطِرُ	superior skill	مَهَارَةٌ مُحكَمَةٌ
through which	مِنْ خِلَالِهَا	greatness	عَظَمَةٌ
Seven Wonders of the world	عَجَائِبُ الدُّنيَا اَلسَّبْعُ	mind	عَقْلٌ
Old Sana'a	صَنْعَاءُ الْقَدِيمَةُ	knew/came across	تَعَرَّفَ
Petra city	مَدِينَةُ الْبَتْرَاءِ	built	شَيَّدَ
Umayyad Mosque	اَلْجَامِعُ الْأُمَوِيُّ	was surprised	إِنْدَهَشَ
Green Mountain	اَلْجَبَلُ الْأَخْضَرُ	challenge	تَتَحَدَّى
Holy Ka'aba	اَلْكَعْبَةُ الشَّرِيفَةُ	embodies	تُجَسِّدُ
Al-Aqsa Mosque	اَلْمَسْجِدُ الْأَقْصَى	misses	تَفُوتُ
Erbil Citadel	قَلَعَةُ إِرْبِيل	longing to	شَوَّقَ
Kairouan city	مَدِينَةُ الْقَيْرَوَانِ	creator	مُبْدِعٌ
performing Umrah	أَدَاءُ الْعُمْرَةِ	time	زَمَنٌ

Expressions

الجمل والتعبيرات

How was your journey to Egypt?	كَيْفَ كَانَتْ رِحْلَتُكَ إِلَى مِصْرَ؟
Did you enjoy yourself?	هَلْ رَوَّحْتَ عَنْ نَفْسِكَ؟
I heard you arrived from Egypt.	سَمِعْتُ أَنَّكَ وَصَلْتَ مِنْ مِصْرَ
I hope you do not miss it.	أَتَمَنَّى أَلَّا تَفُوتَكَ فُرْصَةُ زِيَارَتِهَا، يَا أَخِي.
Thanks a lot.	جَزَاكَ اللهُ خَيْرًا.
I had a pleasant journey to Egypt.	كَانَتْ رِحْلَتِي إِلَى مِصْرَ مُمْتِعَةً جِدًّا .
I visited the pyramids and saw (knew about) one of the Seven Wonders of the World.	زُرْتُ الْأَهْرَامَ ، وَتَعَرَّفْتُ مِنْ خِلَالِهَا عَلَى إِحْدَى عَجَائِبِ الدُّنْيَا السَّبْعِ.
Truly, it's one of the greatest buildings/constructions in human history.	إِنَّهَا بِحَقٍّ مِنْ أَعْظَمِ مَا شَيَّدَهُ الْإِنْسَانُ فِي التَّارِيخِ.
I think you are so happy.	أَرَاكَ سَعِيدًا جِدًّا.
Yes I am; I enjoyed myself and saw (knew about) something that has never come to the minds of many.	نَعَمْ . رَوَّحْتُ عَنْ نَفْسِي وَعَرَفْتُ شَيْئًا مَا كَانَ يَخْطِرُ عَلَى بَالٍ.
I was surprised by the creativity and the skills the pyramids revealed; something that challenges [defies] time and embodies the greatness of the creative mind.	اِنْدَهَشْتُ لِمَا فِي الْأَهْرَامِ مِنْ إِبْدَاعٍ وَمَهَارَةٍ مُحْكَمَةٍ تَتَحَدَّى الزَّمَنَ وَتَجَسِّدُ عَظْمَةَ الْعَقْلِ الْمُبْدِعِ .
Oh, you made me wish to visit it.	وَاللهِ، لَقَدْ شَوَّقْتَنِي إِلَى زِيَارَتِهَا

Language Practice

التدريبات

١. ترجم إلى العربيّة (تمرين شفهيّ عن المفردات والجمل، يشترك به الطلّاب كافّة)

٢. أجر التمرين ،كما في المثال:

كيف كانت رحلتك إلى مصر	(أنتَ - مصر)
١)	(أنتِ - سوريا)
٢)	(أنتما - دبي)
٣)	(أنتم - اليمن)
٤)	(أنتن - تونس)
٥)	(هو - المغرب)
٦)	(هي - السودان)
٧)	(هما - العراق)
٨)	(هم - الاردن)
٩)	(هن - الكويت)

UNIT 04

٣. أجر التمرين ،كما في المثال:

سمعت أنك وصلت من مصر. (أنا - أنت - مصر)

١) ______ (أنا - أنتما - الإمارات)

٢) ______ (أنا - أنتم - ليبيا)

٣) ______ (أنا - أنتن - البحرين)

٤) ______ (نحن - أنت - عمان)

٥) ______ (نحن - أنتما - لبنان)

٦) ______ (نحن - أنتم - جيبوتي)

٧) ______ (نحن - أنتن - فلسطين)

٨) ______ (هم - هو - السعوديّة)

٩) ______ (أنا - هي - ليبيا)

١٠) ______ (أنا - هما - الجزائر)

١١) ______ (هي - هم - جزر القمر)

١٢) ______ (هم - هن - الصومال)

١٣) ______ (نحن - هو - عمان)

١٤) ______ (هو – هي- لبنان)

١٥) ______ (نحن - هما - جيبوتي)

١٦) ______ (هما - هم - قطر)

١٧) ______ (هن - نحن - موريتانيا)

٤. أجر التمرين ،كما في المثال:

روّحت عن نفسي وعرفت شيئا ما كان يخطر على بال (أنا)

١) (نحن)

٢) (هو)

٣) (هي)

٤) (هما)

٥) (هم)

٦) (هنّ)

٧) (أنا)

٨) (أنتَ)

٩) (أنتِ)

١٠) (أنتما)

١١) (أنتم)

١٢) (أنتنّ)

٥. أجب عن الأسئلة الآتية:

١) ما البلد التي زارها سلمان.

٢) كيف كانت رحلته؟ ولماذا كانت كذلك؟

٣) متى زار عبد الله سلمان ؟

٤) كيف رأى سلمان الأهرام؟

UNIT 04

٦. أكمل الفراغ بما يناسب:

عبد الله : السلام عليكم، والحمد لله على ______

سلمان : وعليكم السلام، أهلا وسهلا ، تفضّل يا أخي.

عبد الله : ______ أنّك ______ من مصر، ف ______ ل ______

سلمان : ______ الله خيرا.

عبد الله : كيف كانت ______ إلى مصر؟

سلمان : كانت ______ جدّا، فقد ______ الأهرام ، و ______ من خلالها على إحدى ______ السبع ، إنّها بحقّ من ______ ما ______ الإنسان في التاريخ.

عبد الله : أراك ______ جدّا .هل ______ عن نفسك؟

سلمان : نعم ______ .عن نفسي و ______ شيئا ما كان ______ على بال، فقد ______ لما في الأهرام من ______ و ______ محكمة ______ الزمن وتجسّد عظمة ______ المبدع .

عبد الله : والله، لقد ______ إلى زيارتها.

سلمان : أتمنى ألّا ______ فرصة زيارتها، يا أخي.

عبد الله : إن شاء الله.

٧. هات الأسئلة والأجوبة مستعينا بما بين القوسين، كما في المثال:

(مصر - شهر - أسبوع)

أ : متى سافرت إلى مصر؟ ب : سافرت إليها قبل شهر.

أ : ومتى رجعت منها؟ ب : رجعت منها قبل أسبوع.

١) (الأردن - سنة - شهر)

أ : ______ ؟ ب : ______

أ : ______ ؟ ب : ______

(السعوديّة – ٦ أشهر – يومين)

أ : ______ ؟ ب : ______

أ : ______ ؟ ب : ______

(قطر – سنتين – اليوم)

أ : .... ؟ ب : ....

أ : .... ؟ ب : ....

(سوريا – ٨أشهر – ٣ أسابيع)

أ : .... ؟ ب : ....

أ : .... ؟ ب : ....

(تونس – ٤ سنوات – شهرين)

أ : .... ؟ ب : ....

أ : .... ؟ ب : ....

(البحرين – ١١ سنة – ٥ أشهر)

أ : .... ؟ ب : ....

أ : .... ؟ ب : ....

(لبنان – ٧٥ يوما – ٣ ساعات)

أ : .... ؟ ب : ....

أ : .... ؟ ب : ....

(المغرب – ٣ أسابيع – الآن)

أ : .... ؟ ب : ....

أ : .... ؟ ب : ....

٨. كوّن جملا مستعينا بما بين القوسين ، كما في المثال:

(مصر – الأهرام)

زرنا مصر وتعرّفنا على الأهرام

(اليمن – صنعاء القديمة)

....

(الأردن – مدينة البتراء)

(سوريا – الجامع الأموي)

(عمان – الجبل الأخضر)

(السعودية – الكعبة الشريفة)

(فلسطين – المسجد الأقصى)

(العراق – قلعة إربيل)

(تونس – مدينة القيروان)

٩. أجب عن الأسئلة الآتية:

١) ما أشهر المعالم الأثريّة في كوريا؟

٢) هل زرتها، كلّها أو بعضها؟

٣) ما الذي أعجبك فيها؟

٤) هل زرت معالم أثريّة في دولة أخرى؟

٥) ما هي ؟ وماذا أعجبك منها؟

١٠. أجر المحادثات الآتية مستعينا بما بين القوسين ،كما في المثال:

(مصر – للسياحة - ثلاثة أشهر – ممتعة جدا)

إلى أين سافرت ؟ سافرت إلى مصر.

لماذا؟ للسياحة

كم بقيت هناك؟ ثلاثة أشهر.

كيف كانت الرحلة؟ كانت ممتعة جدا.

١) (قطر - للتجارة - سنتين - مربحة)

أ : ....؟ ب : ....

أ : ....؟ ب : ....

أ : ....؟ ب : ....

أ : ....؟ ب : ....

٢) (الأردن - للدراسة - سنة - مفيدة)

أ : ....؟ ب : ....

أ : ....؟ ب : ....

أ : ....؟ ب : ....

أ : ....؟ ب : ....

٣) (سوريا - للزيارة - أسبوعين - طيّبة)

أ : ....؟ ب : ....

أ : ....؟ ب : ....

أ : ....؟ ب : ....

أ : ....؟ ب : ....

UNIT 04

٤) (السعوديّة - لأداء العمرة - شهر - مباركة)

أ : .... ؟ ب : ....

أ : .... ؟ ب : ....

أ : .... ؟ ب : ....

أ : .... ؟ ب : ....

٥) (الإمارات للعمل - سنتين - متعبة)

أ : .... ؟ ب : ....

أ : .... ؟ ب : ....

أ : .... ؟ ب : ....

أ : .... ؟ ب : ....

١١. اكتب الدرس في دفترك.

UNIT 5

الوحدة الخامسة : على الطريق

- في الشارع
- عند مهندس السيّارات
- حادث مروريّ

In the Street

في الشارع

(عبد السلام طالب عراقيّ يدرس في جامعة هانكوك فرع يونج إن، يريد أن يذهب إلى مكتبة جامعة هانكوك في أيمن دونج بسيول ليستعير بعض الكتب، فخرج من سكنه، وفي الشارع قابل شخصا ما، فجرت بينهما المحادثة الآتية):

عبد السلام : السلام عليكم

شخص ما : وعليكم السلام

عبد السلام : لو سمحت، كيف أذهب إلى أيمن دونج ؟

شخص ما : ألديك سيّارة خاصّة؟

عبد السلام : لا.

شخص ما : يمكن أن تستأجر تاكسيا.

عبد السلام : لكنّ أجره غال جدّا، ولست مستعجلا، سأذهب بالأتوبيس.

شخص ما : محطّة الأوتوبيس أمامك هناك على الجانب الأيسر من الشارع ،لكنّك ستحتاج إلى أكثر من رحلة؛ لأنّ الأتوبيس لا يذهب من هنا إلى أيمن دونج مباشرة.

عبد السلام : هل يمكن أن تشرح لي؟

شخص ما : ستركب ،من هنا، الأتوبيس رقم 1,150 وسوف يوصلك إلى تشونغ كاك، ومنها يمكن أن تستأجر تاكسيا أو تركب المترو، فأيّهما تريد؟

عبد السلام : سأركب المترو.

شخص ما : ادخل محطة المترو واركب مترو الخطّ الأوّل الراجع، وستذهب به تسع محطّات حتّى (وي دي أب) بعدها ستكون في أيمن دونج ، إن شاء الله.

عبد السلام : شكرا جزيلا

(بعد الوصول إلى مدينة أيمن دونج)

عبد السلام : لو سمحت ، أين جامعة هانكوك؟

شخص ما : اعبر هذا الشارع إلى آخره، وستجدها أمامك مباشرة.

عبد السلام : شكرا

شخص ما : عفوا

(بعد الوصول إلى الجامعة)

عبد السلام : لو سمحت، أين مكتبة الجامعة؟

شخص ما : امش عبر هذا الشارع وستجدها على يسارك بعد حوالي 300 قدم.

عبد السلام : شكرا

شخص ما : عفوا

Vocabulary

المفردات والتراكيب البسيطة

held	جَرَتْ	branch	فَرْعٌ
rents	تَستَأْجِرُ	someone	شَخْصٌ مَا
needs	تَحتَاجُ	on the hurry	مُستَعْجِلٌ
explains	تَشْرَحُ	directly	مُبَاشَرَةً
connects/takes	يُوصِلُ	between	بَيْنَهُمَا
move to	تَنتَقِلُ	via/across	عَبْرَ
cross (imp)	اُعبُرْ	Yong-in	يُونج إِن
walk (imp)	اِمْشِ	Hannam Dong	هَنّامْ دُونْج
more than one journey	أَكْثَرُ مِنْ رِحلَةٍ	Oeade	وِي دِي أَب
private car	سَيَّارَةٌ خَاصَّةٌ	Itaewon	إِي تِيه وُون
metro/tube/ subway	مِتْرُو	Farm	مَزْرَعَةٌ
sixth Line	اَلْخَطُّ السَّادِسُ	joy	مُتْعَةٌ
first line	اَلْخَطُّ الْأَوَّلُ	funny/interesting	مُمتِعٌ
after reaching	بَعْدَ الْوُصُولِ إِلَى	borrows	يَستَعِيرُ
		please/ excuse me	لَوْ سَمَحْتَ

Expressions

الجمل والتعبيرات

How can I go to Imun-Dong?	كَيْفَ أَذْهَبُ إِلَى إِيمُون دونج؟
Do you have a car?	أَلَدَيْكَ سَيَّارَةٌ خَاصَّةٌ؟
Can you explain to me?	هَلْ يُمْكِنُ أَنْ تَشْرَحَ لِي؟
Which one do you want?	أَيُّهُمَا تُرِيدُ؟
Abd-Elsalam is an Iraqi student who studies at Hankuk University, Yong-in branch [campus].	عَبْدُ السَّلَامِ طَالِبٌ عِرَاقِيٌّ يَدْرُسُ فِي جَامِعَةِ هَانْكُوك فَرْعِ يُونج إِن
Abd-Elsalam wants to borrow some books.	يُرِيدُ عَبْدُ السَّلَامِ أَنْ يَسْتَعِيرَ بَعْضَ الْكُتُبِ.
Abd-Elsalam left his home.	خَرَجَ عَبْدُ السَّلَامِ مِنْ سَكَنِهِ .
He met someone in the street.	فِي الشَّارِعِ قَابَلَ عَبْدُ السَّلَامِ شَخْصاً مَا
The following conversation between Abd-Elsalam and this person ensued:	جَرَتْ بَيْنَ عَبْدِ السَّلَامِ وَشَخْصٍ مَا الْمُحَادَثَةُ الْآتِيَة:
You can take [rent] a taxi.	يُمْكِنُ أَنْ تَسْتَأْجِرَ تَاكْسِياً.
Taxis are so expensive. I am not on a hurry.	أَجْرُ التَّاكْسِي غَالٍ جِدًّا لَسْتُ مُسْتَعْجِلًا .
I will take the bus.	سَأَذْهَبُ بِالْأُوتُوبِيس.
Bus station is there on the left side.	مَحَطَّةُ الْأُوتُوبِيسِ أَمَامَكَ هُنَاكَ عَلَى الْجَانِبِ الْأَيْسَرِ مِنَ الشَّارِعِ

You will need to take more than one journey.	سَتَحْتَاجُ إِلَى أَكْثَرِ مِنْ رِحْلَةٍ.
There is no direct bus that goes to Imun-Dong from here.	اَلْأُتوبِيسُ لَا يَذْهَبُ مِنْ هُنَا إِلَى إِيمُون دُونْج مُبَاشَرَةً.
You will take bus no. 1150 from here.	سَتَرْكَبُ مِنْ هُنَا الْأُوتُوبِيس رَقْمَ 1150
Take the Metro (subway), Line no.1, from stop 122 to Oedae-up. Then you will be in Imun-dong.	اُدْخُلْ مَحَطَّةَ الْمِتْرُو وَارْكَبْ مِتْرُو الْخَطِّ الأَوَّلِ الرَّاجِعِ، وَسَتَذْهَبُ بِهِ تِسْعَ مَحَطّاتٍ حَتَّى (١٢٢، وي دي أب) بَعْدَهَا سَتَكُونُ فِي إِيمُون دونج ، إِنْ شَاءَ الله.
Cross (take) this street to the end and you will see it in front of you.	اُعْبُرْ هَذَا الشَّارِعَ إِلَى آخِرِهِ، وَسَتَجِدُهَا أَمَامَكَ مُبَاشَرَةً.
Go through this street and you will find it after 300 feet.	اِمْشِ عَبْرَ هَذَا الشَّارِعِ وَسَتَجِدُهَا عَلَى يَسَارِكَ بَعْدَ حَوَالَيِ 300 قَدَمٍ.

UNIT 05

Language Practice

التدريبات

١. ترجم إلى العربيّة (تمرين شفهيّ عن المفردات والجمل، يشترك به الطلّاب كافّة)

٢. أجر التمرين، مستعملا ما بين القوسين ، كما في المثال:

هذا هو الكتاب الذّي استعرته	(الكتاب – استعار)
هذان هما الكتابان اللذان استعرتهما	(الكتابان – استعار)
هذه هي الكتب التّي استعرتها	(الكتب – استعار)

١) .... (الأوتوبيس – ركب)

٢) .... (الأوتوبيسان – ركب)

٣) .... (الأوتوبيسات – ركب)

٤) .... (التاكسي – استأجر)

٥) .... (التاكسيان – استأجر)

٦) .... (التاكسيات – استأجر)

٧) .... (الشارع – عبر)

٨) .... (الشارعان – عبر)

٩) .... (الشوارع – عبر)

١٠) .... (الصديق – قابل)

١١) ______ (الصديقان – قابل)

١٢) ______ (الصديقتان – قابل)

١٣) ______ (الأصدقاء – قابل)

١٤) ______ (الصديقات – قابل)

٣. أعد الجملة مع تغيير ما يلزم ،كما في المثال:

اعبر هذا الشارع إلى آخره، وستجدها أمامك مباشرة (أنتَ)

١) ______ (أنتِ)

______ (أنتما)

______ (أنتم)

______ (أنتن)

٢) ______ (خلف)

______ (أنتَ)

______ (أنتِ)

______ (أنتما)

______ (أنتم)

٣) ______ (على يسار)

______ (أنتَ)

______ (أنتِ)

______ (أنتما)

٤) ______ (على يمين)

______ (أنتَ)

______ (أنتِ)

(أنتنّ)

(أنتم)

٤. أكمل الفراغ بما يناسب:

عبد السلام طالب ______ يدرس في جامعة هانكوك ______ يونج إن، يريد أن يذهب إلى ______ جامعة هانكوك في أيمن دونج بسيول ل ______ الكتب، فخرج من سكنه، وفي الشارع ______ شخصا ما، فجرت بينهما ______ الآتية :

عبد السلام : السلام عليكم

شخص ما : وعليكم السلام

عبد السلام : لو سمحت، كيف ______ إلى أيمن دونج ؟

شخص ما : ______ سيّارة خاصّة؟

عبد السلام : لا.

شخص ما : يمكن أن ______ تاكسيا.

عبد السلام : لكنّ أجره ______ جدّا، ولست ______ سأذهب ______ الأتوبيس.

شخص ما : محطة الأوتوبيس أمامك هناك على ______ من الشارع ، لكنك سـ ______ إلى أكثر من. ______ ؛ لأنّ الأتوبيس لا يذهب من هنا إلى أيمن دونج ______

عبد السلام : هل يمكن أن ______ لي؟

شخص ما : ستركب ،من هنا، الأتوبيس رقم 1150 وهو سـ ______ إلى هنّام دونج ومنها ______ أن تستأجر تاكسيا أو تركب المترو .ف ______ تريد؟

عبد السلام : سأركب المترو.

شخص ما : ادخل ______ المترو واركب مترو ______ الراجع، وستذهب به ______ محطات حتّى (وي دي أب) بعدها ستكون في ______ ، إن شاء الله .

(بعد ______ إلى مدينة أيمن دون)

عبد السلام : لو سمحت ، أين جامعة هانكوك؟

شخص ما : اعبر هذا ______ إلى ______ ، وستجدها أمامك مباشرة.

(بعد ______ إلى الجامعة)

عبد السلام : لو سمحت، أين ______ الجامعة؟

شخص ما : ______ عبر هذا الشارع و ______ على يسارك بعد حوالي 300 قدم.

عبد السلام : شكرا

شخص ما : عفوا

٥. أعد الجملة مع تغيير ما يلزم ،كما في المثال:

المكان بعيد من هنا، إذن سأحتاج إلى سيّارة (أنا)

١) ______ (أنتَ)

______ (أنتِ)

______ (أنتما)

______ (أنتم)

______ (أنتن)

٢) ______ (المستشفى)

______ (هو)

______ (هي)

______ (هما)

______ (فاطمة وليلى)

______ (هنّ)

٣) ______ (الجامعة)

______ (هو)

______ (هي)

______ (علي وأحمد)

______ (هدى وسعاد)

______ (هنّ)

٤)

(المطعم)

(ناصر)

(أماني)

(ناصر وأماني)

(أماني وإشراق)

(ناصر وخالد)

(ليلى وعبد الله ومنى)

(ليلى وزينب وهدى)

UNIT 05

٦. أجب عن الأسئلة الآتية:

١) ما جنسيّة عبد السلام؟ وأين يدرس؟ وأين يسكن ؟

٢) هل يعرف عبد السلام الطريق إلى سيول ؟ ولماذا يريد أن يذهب إليها؟

٣) هل لدى عبد السلام سيّارة خاصّة؟

٤) لماذا لم يستأجر تاكسيا؟

٥) لماذا يحتاج إلى أكثر من رحلة في طريقه إلى سيول؟

٦) كيف ذهب عبد السلام إلى مكتبة الجامعة في سيول؟

٧. حوّل الجمل الآتية إلى صيغتي المثنّى والجمع، كما في المثال:

محطّة الأوتوبيس أمامك هناك على الجانب الأيسر من الشارع، لكنّك ستحتاج إلى أكثر من رحلة؛ لأنّ الأتوبيس لا يذهب من هنا إلى أيمن دونج مباشرة.

محطّة الأوتوبيس أمامكما هناك على الجانب الأيسر من الشارع، لكنّكما ستحتاجان إلى أكثر من رحلة؛ لأنّ الأتوبيس لا يذهب من هنا إلى أيمن دونج مباشرة.

محطّة الأوتوبيس أمامكم هناك على الجانب الأيسر من الشارع، لكنّكم ستحتاجون إلى أكثر من رحلة؛ لأنّ الأتوبيس لا يذهب من هنا إلى أيمن دونج مباشرة.

١) ستركب ، من هنا، الأتوبيس رقم 1150 وهو سيوصلك إلى هنام دونج ومنها يمكن أن تستأجر تاكسيا أو تركب المترو فأيّهما تريد؟

٢) ادخل محطة المترو واركب مترو الخط الأول الراجع، وستذهب به تسع محطّات حتّى (وي دي أب) بعدها ستكون في مدينة أيمن دونج ، إن شاء الله.

٣) اعبر هذا الشارع إلى آخره, وستجدها أمامك مباشرة.

٤) امش عبر هذا الشارع وستجدها على يسارك بعد حوالي 300 قدم.

٨. أعد كتابة النص مع تغيير ما يلزم:

عبد السلام طالب عراقيّ يدرس في جامعة هانكوك فرع يونج إن، يريد أن يذهب إلى مكتبة جامعة هانكوك في أيمن دونج بسيول ليستعير بعض الكتب، فخرج من سكنه، وفي الشارع قابل شخصا ما، فجرت بينهما المحادثة الآتية:

١) عبد السلام وصلاح

٢) عبد السلام وعلي وصلاح

٣) فاطمة

٤) فاطمة وه

٥) فاطمة وهدى وليلى

٩. ضع الصفة المناسبة في المكان الخالي، كما في المثال:

عبد السلام طالب عراقيّ . (العراق)

١) هذه سيّارة ………… (اليابان)

٢) في الشارع أوتوبيسات ………… (الصين)

٣) هذا أستاذ ………… (كوريا)

٤) أدرس اللغة ………… (فرنسا)

٥) تهطل الأمطار ………… في مصر (الشتاء)

٦) تكثر في كوريا الأمطار ………… (الصيف)

٧) أتعلم في المعهد ………… (ليل)

١٠. هات الأسئلة المناسبة للإجابات الآتية:

١) ………… ؟ أريد الذهاب إلى سيول.

٢) ………… ؟ أفضّل ركوب الأتوبيس.

٣) ………… ؟ لأنّ أجرته كبيرة.

٤) ………… ؟ لا، ليست لدي سيّارة خاصّة.

٥) ………… ؟ بلى ، أنا مستعجل.

٦) ………… ؟ نعم، أعرف المحطّة.

٧) ………… ؟ جئت إلى هنا قبل سنة.

٨) ………… ؟ لا، لن أبقى هنا كثيرا.

١١. هات الأسئلة والأجوبة مستخدما ما بين القوسين، كما في المثال:

(الحمّام – في الجانب الأيسر من الممر)

لو سمحت، أين الحمّام؟ الحمّام ستجده هناك في الجانب الأيسر من الممر

١) (محطّة التاكسي – آخر الشارع)

؟

٢) (السكن الطلّابي – الجانب الأيمن من الطريق)

؟

٣) (الصيدليّة – بالقرب من محطّة الأوتوبيس)

؟

٤) (الطالب حسن – في آخر الفصل)

؟

٥) (محطّة المترو – أمامك)

؟

٦) (المكتبة – بجانب محطّة الأوتوبيس)

؟

٧) (المطعم – خلف الملعب)

؟

١٢. هات الأسئلة والأجوبة مستخدما ما بين القوسين، كما في المثال:

(سيول – المترو - مناسب لرحلتك)

أ : إلى أين تريد أن تذهب؟ ب : إلى سيول.

أ : إذن، اركب المترو. ب : ولماذا لا أركب غيره؟

أ : لأنّه المناسب لرحلتك.

١) (مصر – الطائرة القطريّة – رخيصة وممتعة)

أ : ....؟ ب : ....

أ : ....، .... ب : ....؟

أ : ....

٢) (السوق – التاكسي – سريع)

أ : ....؟ ب : ....

أ : ....، .... ب : ....؟

أ : ....

٣) (المكتبة – دراجة – قريبة)

أ : ....؟ ب : ....

أ : ....، .... ب : ....؟

أ : ....

٤) (المزرعة – الحصان – تريد المتعة)

أ : ....؟ ب : ....

أ : ....، .... ب : ....؟

أ : ....

٥) (المطار – أوتوبيس المطار – رخيص ومناسب)

أ : .... ؟ ب : ....

أ : .... ، .... ب : .... ؟

أ : ....

١٣. أدخل كلّ كلمة مما يأتي في جملة مفيدة:

١) يشرح

٢) مستعجل

٣) مباشرة

٤) وصل

٥) استأجر

١٤. اكتب الدرس في دفترك.

At the mechanic

عند مهندس السيّارات

(تعطّلت سيّارة سالم فسأل جاره عبد الله عن مكان إصلاح السيّارات ، فردّ عبد الله:
في المنطقة الصناعيّة)

سالم : وأين هي المنطقة الصناعيّة؟

عبد الله : هناك في مكان غير بعيد.

سالم : هل تصحبني إليها؟

عبد الله : نعم .تعال معي.

(في المنطقة الصناعيّة)

عبد الله : ها هي أمامك محلّات كثيرة، فهذا محلّ لإصلاح الماكينات، وذاك محلّ لإصلاح عطل الكهرباء، فماذا في سيّارتك؟

سالم : في سيّارتي عَطَل في الكهرباء.

عبد الله : إذن ، ذاك هو المحلّ، فهيّا بنا إليه.

(في محلّ إصلاح الكهرباء)

سالم : السلام عليكم.

المهندس : وعليكم السلام، أيّ خدمة؟

سالم : لوسمحت، لديّ عطل في السيّارة.

المهندس : أيّ نوع من العطل؟

سالم : في الإشارات الضوئيّة.

المهندس : تفضل، استرح ، وسأرى.

المهندس يفحص السيّارة ويجرّب تشغيلها ويجرّب الضوء والإشارات ثم أخذ يدخل إلى المحلّ ويخرج وبيده قطع غيار صغيرة .وبعد إصلاحها قال لسالم: تفضّل جرّب، ويجرّب سالم السيّارة فيتأكّد من إصلاحها .ثم يدفع الأجرة ويشكر المهندس وينصرف مع جاره عبد الله.

Vocabulary

المفردات والتراكيب البسيطة

accompany (v)	تَصْحَبُ	electricity	كَهْرَبَاءٌ
rest/ sit down	إِسْتَرِحْ	neigbour	جَارٌ
will see	سَأَرَى	type/kind	نَوْعٌ
examines	يَفْحَصُ	side lights	إِشَارَةُ ضَوْءٍ
tries	يُجَرِّبُ	turning on/starting	تَشْغِيلٌ
makes sure	يَتَأَكَّدُ	spare parts	قِطْعَةُ غِيَارٍ
thanks (v)	يَشْكُرُ	repair	إِصْلَاحٌ
leaves (v)	يَنْصَرِفُ	shop	مَحِلٌّ
Indisturial zone	الْمِنْطَقَةُ الصِّنَاعِيَّةُ	electrical	الْكَهْرَبَائِيّ
not far/ near/close	غَيْرُ بَعِيدٍ	broke down	تَعَطَّلَتْ
motor/engine	مَاكِينَةٌ	replied	رَدٌّ
fault/breakdwon	عَطَلٌ		

Expressions

الجمل والتعبيرات

Where is the industrial zone?	أَيْنَ هِيَ الْمِنْطَقَةُ الصِّنَاعِيَّةُ؟
Can you take me there?	هَلْ تَصْحَبُنِي إِلَيْهَا؟
What happened to your car?	مَاذَا حَدَثَ لِسَيَّارَتِكَ؟
What is the fault/problem?	أَيُّ نَوْعٍ مِنَ الْعَطَلِ؟
Salem's car has broken down.	تَعَطَّلَتْ سَيَّارَةُ سَالِمٍ.
Salem asked his neighbour (Abdullah) about a repair shop where he can fix his car?	سَأَلَ سَالِمٌ جَارَهُ عَبْدَ اللهِ عَنْ مَكَانِ إِصْلَاحِ السَّيَّارَاتِ.
Repair shops are in the industrial zone.	مَكَانُ إِصْلَاحِ السَّيَّارَاتِ فِي الْمِنْطَقَةِ الصِّنَاعِيَّةِ.
Come with me.	تَعَالَ مَعِي.
Here you can see more than one shop.	هَا هِيَ، أَمَامَكَ مَحَلَّاتٌ كَثِيرَةٌ .
This shop repairs engines.	هَذَا مَحَلٌّ لِإِصْلَاحِ الْمَاكِينَاتِ .
This shop repairs electrical faults.	ذَاكَ مَحَلٌّ لِإِصْلَاحِ عَطَلِ الْكَهْرَبَاءِ.
There is an electrical fault in my car.	فِي سَيَّارَتِي عَطَلٌ فِي الْكَهْرَبَاءِ.
This is the shop, let's go.	ذَاكَ هُوَ الْمَحَلُّ، فَهَيَّا بِنَا إِلَيْهِ.
Excuse me, I have a problem/fault with my car.	لَوْ سَمَحْتَ، لَدَيَّ عَطَلٌ فِي السَّيَّارَةِ.

Please, sit down and I will see [check].	تَفَضَّلِ، اسْتَرِحْ وَسَأَرَى.
The engineer examines the car.	يَفْحَصُ الْمُهَنْدِسُ السَّيَّارَةَ.
The engineer tries to start the car engine.	يُجَرِّبُ الْمُهَنْدِسُ تَشْغِيلَ السَّيَّارَةِ.
The engineer turns the lights on/off	يُجَرِّبُ الْمُهَنْدِسُ الضَّوْءَ وَالْإِشَارَاتَ.
The engineer entered the shop and came back with some car parts in his hands.	أَخَذَ الْمُهَنْدِسُ يَدْخُلُ إِلَى الْمَحِلِّ وَيَخْرُجُ وَبِيَدِهِ قِطَعُ غِيَارٍ صَغِيرَةٌ.
Here you are, try please.	تَفَضَّلْ، جَرِّبْ .
Salem tries the car.	يُجَرِّبُ سَالِمٌ السَّيَّارَةَ .
Salem makes sure the car has been fixed/ repaired.	يَتَأَكَّدُ سَالِمٌ مِنْ إِصْلَاحِ السَّيَّارَةِ .
Salem pays the fees.	يَدْفَعُ سَالِمٌ الْأُجْرَ.
Salem thanks the engineer.	يَشْكُرُ سَالِمٌ الْمُهَنْدِسَ.
Salem leaves with his neighbour Abdullah.	يَنْصَرِفُ سَالِمٌ مَعَ جَارِهِ عَبْدِ الله.

UNIT 05

Language Practice

التدريبات

١. ترجم الى العربيّة (يشمل المفردات والجمل والتعبيرات كلّها ويشترك به الطلّاب كافة)

٢. أجر التمرين مستعينا بما بين القوسين ،كما في المثال:

مكان إصلاح السيّارات في المنطقة الصناعيّة (اصلاح السيارات – المنطقة الصناعيّة)

١) ______ (كتاب اللغة – مكتبة الجامعة)

٢) ______ (تذاكر السفر – مكتب الطيران)

٣) ______ (علاج المرض – المستشفى)

٤) ______ (المحاضرة – قاعة المحاضرات)

٥) ______ (وجبة الفطور – مطعم الجامعة)

٦) ______ (مكتب المدير – الطابق الخامس)

٧) ______ (محطة التاكسي – أوّل الشارع)

٨) ______ (مكتب البريد – منتصف الشارع)

٣. هات الأسئلة والأجوبة مستفيدا مما بين القوسين، كما في المثال:

(السيّارة – تعطّلت)
أ : هل تعطّلت السيّارة؟
ب : نعم .تعطّلت
ت : لا ، لم تتعطل

١) (المكان – عرف)

أ : ....؟

ب : .... ت : ... ، ....

٢) (الكتاب -استعار)

أ : ....؟

ب : .... ت : ... ، ....

٣) (الجار – اصطحب)

أ : ....؟

ب : .... ت : ... ، ....

٤) (الحقنة – تناول)

أ : ....؟

ب : .... ت : ... ، ....

٥) (الحقيبة – اشترى)

أ : ....؟

ب : .... ت : ... ، ....

٦) (القلم – أحضر)

أ : ....؟

ب : .... ت : ... ، ....

UNIT 05

٧) (الفطور – تناول)

أ :   ؟

ب :   ت :   ،

٨) (السيّارة – فحص)

أ :   ؟

ب :   ت :   ،

٤. حوّل الجمل الآتية مع تغيير ما يلزم ،كما في المثال:

أصلحت السيّارة.   السيّارة أصلحتها.

١) ركبت التاكسي

٢) استعرت الكتابين

٣) اصطحبت جيراني

٤) شكرت المهندسات

٥) جرّبت السيّارتين

٦) تأكدت من الإشارت الضوئيّة

٧) جئت من الجامعة.

٨) ذهبت إلى البيت.

٥. أجر المحادثة مستفيدا ممّا بين القوسين، كما في المثال:

(أصلح - السيّارة - المنطقة الصناعيّة)

أ : هل أصلحت السيّارة؟ ب : نعم،أصلحتها.

أ : أين أصلحتها؟ ب : في المنطقة الصناعيّة.

١) (حضر - الحفلة - الفندق)

أ : ....؟ ب : ....

أ : ....؟ ب : ....

٢) (فحص - كهرباء السيّارة- عند المهندس)

أ : ....؟ ب : ....

أ : ....؟ ب : ....

٣) (كتب - المحاضرة - الدفتر)

أ : ....؟ ب : ....

أ : ....؟ ب : ....

٤) (قابل - الطبيب - المستشفى)

أ : ....؟ ب : ....

أ : ....؟ ب : ....

٥) (رأيت - السمك - البحر)

أ : ....؟ ب : ....

أ : ....؟ ب : ....

٦) (رأى - الأستاذ - الفصل)

أ : ....؟ ب : ....

أ : ....؟ ب : ....

٧) (أكل - العشاء - المطعم)

أ : .... ؟ ب : ....

أ : .... ؟ ب : ....

٨) (وجد - الدواء - الصيدليّة)

أ : .... ؟ ب : ....

أ : .... ؟ ب : ....

٦. هات الأسئلة المناسبة للإجابات الآتية:

١) .... ؟ أصلحت السيّارة.

٢) .... ؟ لا، المكان ليس بعيدا من هنا.

٣) .... ؟ نعم، هناك محلّات كثيرة.

٤) .... ؟ استغرق إصلاحها حوالي ساعتين.

٥) .... ؟ تكلّفت أربعين دولارا.

٦) .... ؟ اصطحبته لأنّي لا أعرف المكان.

٧) .... ؟ نعم، جاء معي.

٧. أعد صياغة النص مع تغيير ما يلزم:

المهندس يفحص السيّارة ويجرّب تشغيلها ويجرّب الضوء والإشارات ثم أخذ يدخل إلى المحلّ ويخرج وبيده قطع غيار صغيرة .وبعد إصلاحها قال لسالم :تفضّل جرّب .ويجرّب سالم السيّارة فيتأكّد من إصلاحها .ثم يدفع الأجر ويشكر المهندس وينصرف مع جاره عبد الله.

١) المهندسان

٢) المهندستان

٣) المهندسون

٤) المهندسات

٨. أكمل الفراغ بما يناسب:

تعطّلت ______ سالم فسأل ______ عبد الله عن مكان ______ السيّارات ، فردّ

عبد الله : في ______ الصناعيّة.

سالم : وأين هي ______ الصناعيّة؟

عبد الله : هناك في مكان ______ بعيد.

سالم : هل ______ إليها؟

عبد الله : نعم .تعال معي.

(في المنطقة الصناعيّة)

عبد الله : ها هي _____ محلّات كثيرة، فهذا _____ لإصلاح الماكينات، وذاك محلّ لإصلاح _____ الكهرباء، فماذا في سيّارتك؟

سالم : في سيّارتي عَطل في _____

عبد الله : إذن ، ذاك هو المحلّ، فهيّا بنا _____

(في محلّ إصلاح الكهرباء)

سالم : السلام عليكم.

المهندس : وعليكم السلام، أيّ خدمة؟

سالم : لوسمحت، لديّ _____ في السيّارة.

المهندس : أيّ نوع من _____ ؟

سا لم : في _____ الضوئيّة.

المهندس : تفضّل، _____ وسأرى .

المهندس _____ السيّارة و _____ تشغيلها و _____ الضوء والإشارات ثمّ أخذ _____ إلى المحلّ و _____ وبيده قطع غيار صغيرة، وبعد إصلاحها قال لسالم _____ :جرّب .و _____ سالم السيّارة ف _____ من إصلاحها .ثمّ _____ الأجر و _____ المهندس و _____ مع جاره عبد الله.

٩. أجب عن الأسئلة الآتية:

١) ماذا حصل لسالم؟

٢) ما اسم جاره؟

٣) عمّاذا سأل جاره؟

٤) ماذا ردّ عليه الجار؟

٥) إلى أين ذهب سالم وجاره ؟

٦) ماذا وجدا هناك؟

٧) ما نوع عطل السيّارة؟

٨) من الذّي أصلحها؟

٩) ماذا فعل سالم بعد أن تأكد من إصلاح السيّارة؟

١٠. أعد الجملة مع تغيير ما يلزم ،كما في المثال:

في سيّارتي عَطَل في الكهرباء (أنا)

١) .... (أنتَ)

٢) .... (أنتِ)

٣) .... (أنتما)

٤) .... (أنتم)

٥) .... (أنتنّ)

٦) .... (هو)

٧) .... (هي)

٨) .... (هما)

٩) .... (هم)

١٠) .... (هنّ)

١١. أعد الجملة مع تغيير ما يلزم ،كما في المثال:

ذاك هو المحلّ، فهيّا بنا إليه	(المحل)
تاك هي السيّارة، فهيّا بنا إليها	(السيّارة)
ذانك هما المهندسان ، فهيّا بنا إليهما	(المهندسان)
تانك هما الطبيبتان، فهيّا بنا إليهما	(الطبيبتان)

١) .... (المستشفى)

٢) .... (الطبيبان)

٣) .... (الجامعة)

٤) .... (الأستاذتان)

٥) .... (البنك)

٦) .... (الموظّفان)

٧) .... (الصيدليّة)

٨) .... (الممرّضتان)

٩) .... (المسجد)

١٠) .... (المصلّيان)

١١) .... (المحطّة)

١٢) .... (الراكبان)

١٣) .... (الطالبان)

١٤) .... (الطالبتان)

١٢. أعد الجملة مع تغيير ما يلزم ،كما في المثال:

ها هي أمامك المحلّات	(محلّات)
١)	(المحلّان)
٢)	(المحلّ)
٣)	(المستشفى)
٤)	(المستشفيان)
٥)	(المستشفيات)
٦)	(الطبيبان)
٧)	(الطبيبتان)
٨)	(الطبيبات)
٩)	(الأطبّاء)
١٠)	(الأستاذ)
١١)	(الأستاذان)
١٢)	(الأستاذتان)
١٣)	(الأستاذات)
١٤)	(الأساتذة)
١٥)	(البنك)
١٦)	(البنكان)
١٧)	(البنوك)

UNIT 05

١٨) ________ (الموظّف)

١٩) ________ (الموظّفة)

٢٠) ________ (الموظّفان)

٢١) ________ (الموظّفتان)

٢٢) ________ (الموظّفات)

٢٣) ________ (الموظّفون)

١٣. أجر التمرين، مستعملا ما بين القوسين ،كما في المثال:

هل تصحبني إلى مكان إصلاح السيّارة ؟ (أنتَ - مكان إصلاح السيّارة)

١) ________ ؟ (أنتَ – المطعم)

٢) ________ ؟ (أنتِ – المطعم)

٣) ________ ؟ (أنتما – المطعم)

٤) ________ ؟ (أنتم – المطعم)

٥) ________ ؟ (أنتنّ – المطعم)

٦) ________ ؟ (هي – السوق)

٧) ________ ؟ (هو – السوق)

٨) ________ ؟ (هم – السوق)

٩) ________ ؟ (هما – السوق)

١٠) ________ ؟ (هنّ – السوق)

١١) .... ؟ (أحمد وعلي – الجامعة)

١٢) .... ؟ (فاطمة وهدى – الجامعة)

١٣) .... ؟ (أحمد وعليّ وسالم –الجامعة)

١٤) .... ؟ (فاطمة وهدى وزينب –الجامعة)

١٤. اكتب الدرس في دفترك.

بسم الله الرحمن الرحيم

Traffic accident

حادث مروريّ

سامية : ألو، السّلام عليكم.

الموظّف : وعليكم السّلام ، هنا إدارة الطوارئ ، أيّ خدمة؟

سامية : نحتاج إلى سيّارات إسعاف.

الموظّف : من أين تتّصلين؟

سامية : أتّصل من جانب محطّة الوقود على الطريق الدائري.

الموظّف : أيّ طريق؟

سامية : الطريق الّذي يمرّ من خلف المنصورة ، جهة الغرب

الموظّف : ما المشكلة؟

سامية : وقع صدام كبير بين سيّارة أجرة ومركبة نقل كبيرة، وأصيب أغلب الركاب الذين في سيّارة الأجرة.

الموظّف : كم عدد المصابين ؟

سامية : أظنّ أنّ عددهم خمسة.

الموظّف : هل إصاباتهم خطيرة؟

سامية : أغلبها تقريبا.

الموظّف : إذن سنحتاج إلى أكثر من سيّارة إسعاف، سنكون ، إن شاء الله ، عندك بعد ربع ساعة على الأكثر.

سامية : جزاكم الله خيراً، سأنتظركم.

Vocabulary

المفردات والتراكيب البسيطة

extinguishing fire	إِطْفَاءٌ	Administration.	إِدَارَةٌ
calls (v)	تَتَّصِلُ	fighting	قِتَالٌ
passes	يَمُرُّ	fuel	وُقُودٌ
happened	وَقَعَ	ancient/old city	مَدِينَةٌ أَثَرِيَّةٌ
was/were injured	أُصِيبَ	road	طَرِيقٌ
I think	أَظُنُّ	Mansoura	اَلْمَنْصُورَةُ
I wait	أَنْتَظِرُ	side/direction	جِهَةٌ
taxi	سَيَّارَةُ أُجْرَةٍ	collapse	اِنْهِيَارٌ
transport vehicle	مَرْكَبَةُ نَقْلٍ	problem	مُشْكِلَةٌ
at most	عَلَى الْأَكْثَرِ	accident/collision	صِدَامٌ
emergency admins.	إِدَارَةُ الطَّوَارِئِ	vehicle	مَرْكَبَةٌ
ambulance	سَيَّارَةُ إِسْعَافٍ	majority	أَغْلَبُ
petrol/fuel station	مَحَطَّةُ الْوُقُودِ	injured	مُصَابٌ
circular/ring road	اَلطَّرِيقُ الدَّائِرِيُّ	serious	خَطِيرَةٌ
coastal road	اَلطَّرِيقُ الْبَحْرِيُّ	fire	حَرِيقٌ
firearm	سِلَاحٌ نَارِيٌّ	almost	تَقْرِيبًا
knife	سِلَاحٌ أَبْيَضُ	quarrelling	عِرَاكٌ
		emergency	طَوَارِئُ

Expressions

الجمل والتعبيرات

From where do you call?	مِنْ أَيْنَ تَتَّصِلِينَ؟
Which street/ road	أَيُّ طَرِيقٍ؟
What is the problem?	مَا الْمُشْكِلَةُ؟
How many are injured? What is the number of those injured?	كَمْ عَدَدُ الْمُصَابِينَ ؟
Are their injuries serious?	هَلْ إِصَابَاتُهُمْ خَطِيرَةٌ؟
Here is the emergency services.	هُنَا إِدَارَةُ الطَّوَارِئِ
We need many ambulances	نَحْتَاجُ إِلَى سَيَّارَاتُ إِسْعَافٍ.
I am calling from a petrol station on the ring road.	أَتَّصِلُ مِنْ جَانِبِ مَحَطَّةِ الْوَقُودِ عَلَى الطَّرِيقِ الدَّائِرِيِّ.
The road that passes through Mansoura from the west side.	الطَّرِيقُ الَّذِي يَمُرُّ مِنْ خَلْفِ الْمَنْصُورَةِ، جِهَةَ الْغَرْبِ.
An awful collision between a microbus and a lorry.	وَقَعَ صِدَامٌ كَبِيرٌ بَيْنَ سَيَّارَةِ أُجْرَةٍ وَمَرْكَبَةِ نَقْلٍ كَبِيرَةٍ .
Most of the passengers in the microbus have been injured.	أُصِيبَ أَغْلَبُ الرُّكَّابِ الَّذِينَ فِي سَيَّارَةِ الْأُجْرَةِ.
I think the number of those injured is five.	أَظُنُّ أَنَّ عَدَدَ الْمُصَابِينَ خَمْسَةٌ
We need more than one ambulance.	سَنَحْتَاجُ إِلَى أَكْثَرَ مِنْ سَيَّارَةِ إِسْعَافٍ.
We will be there, God willing, in no more than 15 minutes.	سَنَكُونُ ، إِنْ شَاءَ اللهُ ، عِنْدَكِ بَعْدَ رُبْعِ سَاعَةٍ عَلَى الْأَكْثَرِ.

Language Practice

التدريبات

١. ترجم إلى العربيّة (تمرين شفهيّ عن المفردات والجمل، يشترك به الطلّاب كافّة)

٢. أعد الجملة مع تغيير ما يلزم ، كما في المثال:

أصيب أغلب الركاب الذين في سيّارة الأجرة .	(الركاب)
أصيب أغلب الركاب الذين في الأتوبيس.	(الأوتوبيس)

١) .... (جاء)

٢) .... (الطلّاب)

٣) .... (الطالبات)

٤) .... (الجامعة)

٥) .... (المصنع)

٦) .... (أقلّ)

٧) .... (المهندسون)

٨) .... (حضر)

٩) .... (بعض)

١٠) .... (ذهب)

١١) ______ (كلّ)

١٢) ______ (الطبيبات)

١٣) ______ (المستشفى)

٣. هات الأسئلة والإجابات مستعملا ما بين القوسين ،كما في المثال:

(صدام كبير – سيّارتين - الطريق البحري)

أ : ما المشكلة؟ ب : وقع صدام كبير بين سيارتين.

أ : من أين تتصل؟ ب : من الطريق البحري.

١) (صدام كبير – شاحنة وقطار -الطريق البحري)

أ : ______ ؟ ب : ______

أ : ______ ؟ ب : ______

٢) (حريق كبير – مطعم – الشارع الرئيس)

أ : ______ ؟ ب : ______

أ : ______ ؟ ب : ______

٣) (حريق كبير – محطّة وقود – الشارع الرئيس)

أ : ______ ؟ ب : ______

أ : ______ ؟ ب : ______

٤) (قتال بالأسلحة الناريّة – مجموعتين - شارع السبعين)

أ : ______ ؟ ب : ______

أ : ______ ؟ ب : ______

٥) (قتال بالأسلحة البيضاء – مجموعتين - السوق الكبير)

أ : ______ ؟ ب : ______

أ : ______ ؟ ب : ______

(عراك شديد – شخصين – المستشفى)

أ : .... ؟ ب : ....

أ : .... ؟ ب : ....

(عراك شديد – لصّ وصاحب محلّ تجاريّ – شارع الهرم)

أ : .... ؟ ب : ....

أ : .... ؟ ب : ....

(انهيار كبير – مبنى المدرسة – مدرسة الطالبات)

أ : .... ؟ ب : ....

أ : .... ؟ ب : ....

(انهيار كبير – مبنى أثريّ - المدينة الأثريّة)

أ : .... ؟ ب : ....

أ : .... ؟ ب : ....

٤. أعد قراءة المحادثة ثم ضع علامة (√) أمام العبارة الصحيحة وعلامة (×) أمام العبارة الخاطئة:

١) اتّصلت سامية من إدارة الطوارئ

٢) طلبت سامية سيّارات أجرة

٣) تقع إدارة الطوارئ بجانب محطّة الوقود على الطريق الدائريّ

٤) وقع صدام كبير بين سيّارة إسعاف ومركبة نقل كبيرة

٥) أصيب أقلّ الركاب الّذين في سيّارة الأجرة.

٦) كانت إصاباتهم غير خطيرة

٧) عدد المصابين ثلاثة تقريبا

UNIT 05

٥. هات الأسئلة والأجوبة مستخدما الكلمات الّتي بين القوسين، كما في المثال:

(الحريق – المطعم – المحلّ التجاري)
أ : أين وقع الحريق ؟ هل هو في المطعم؟
ب : لا، هو في المحلّ التجاريّ.

١) (الصدام – الطريق الداخليّ – الطريق الدائريّ)
أ : .... ؟ .... ؟
ب : ...... ، ....

٢) (القتال – شارع جمال – شارع السبعين)
أ : .... ؟ .... ؟
ب : ...... ، ....

٣) (العراك – الصيدليّة – البنك)
أ : .... ؟ .... ؟
ب : ...... ، ....

٤) (الحفل – الفصل – القاعة الكبرى)
أ : .... ؟ .... ؟
ب : ...... ، ....

٥) (العزومة – المطعم – البيت)
أ : .... ؟ .... ؟
ب : ...... ، ....

٦) (المباراة – ملعب الجامعة – ملعب المدينة)
أ : .... ؟ .... ؟
ب : ...... ، ....

٧) (المحاضرة – القاعة الأولى – القاعة الثالثة)
أ : .... ؟ .... ؟
ب : ...... ، ....

٦. أعد الجملة مع تغيير ما يلزم ،كما في المثال:

سنحتاج إلى أكثر من سيّارة إسعاف. (نحن)

١) ______ (أنا)

٢) ______ (أنتَ)

٣) ______ (أنتِ)

٤) ______ (أنتما)

٥) ______ (أنتم)

٦) ______ (أنتن)

٧) ______ (هو)

٨) ______ (هي)

٩) ______ (هما)

١٠) ______ (هم)

١١) ______ (هن)

٧. أكمل الفراغ بما يناسب:

سامية : ألو، السّلام عليكم.

الموظّف : وعليكم السّلام ، هنا إدارة ______ ، أيّ خدمة؟

سامية : نحتاج إلى سيّارات ______

الموظّف : من أين ______ ؟

سامية : من جانب محطّة ______ على ______ الدائريّ.

الموظّف : أيّ طريق؟

سامية : الطريق ______ يمرّ من ______ المنصورة ______ الغرب

الموظّف : ما المشكلة؟

سامية : وقع ______ كبير بين سيّارة ______ و ______ نقل كبيرة و ______ أغلب الركاب الّذين في سيّارة الأجرة.

الموظّف : كم عدد ______ ؟

سامية : أظنّ أنّ عددهم خمسة.

الموظّف : هل إصاباتهم ______ ؟

سامية : أغلبها تقريبا.

الموظّف : إذن ______ إلى أكثر من سيّارة ______ سنكون ، إن شاء الله ، عندك بعد ربع ساعة على الأكثر.

سامية : ______ خيراً، سأنتظركم.

٨. أجر التمرين مستعينا بما بين القوسين كما في المثال:

سنكون ، إن شاء الله ، عندك بعد ربع ساعة على الأكثر.	(ربع ساعة)
سنكون ، إن شاء الله ، عندك في التاسعة والثلث .	(9:20)

١) ______ (11:12)

٢) ______ (5:54)

٣) ______ (3:15)

٤) ______ (10:05)

٥) ______ (4:10)

٦) ______ (6:11)

٧) ______ (7:12)

٨) ______ (12:30)

٩) ____________________ (1:00)

٩. أجب عن الأسئلة الآتية:

١) لماذا اتّصلت سامية؟

٢) من أين اتّصلت؟

٣) بمن اتّصلت؟

٤) كيف اتّصلت؟

٥) ما المشكلة؟

٦) كم عدد المصابين؟

٧) كم عدد الإصابات الخطيرة؟

٨) هل تكفي سيّارة إسعاف واحدة؟

٩) متى ستصل سيّارات الإسعاف؟

١٠. أجر التمرين مستعينا بالكلمات التي بين القوسين، كما في المثال:

الطريق الذي يمرّ من خلف المنصورة جهة الغرب. (خلف)

١) ____________________ (أمام)

٢) ________ (بجانب)

٣) ________ (الشرق)

٤) ________ (الجنوب)

٥) ________ (على يمين)

٦) ________ (على يسار)

٧) ________ (الشمال)

٨) ________ (الجنوب الغربيّ)

٩) ________ (الشمال الشرقيّ)

١٠) ________ (الجنوب الشرقيّ)

١١) ________ (الشمال الغربيّ)

١١. هات الأسئلة المناسبة للإجابات الآتية:

١) ________؟ سنصل بعد ساعتين.

٢) ________؟ وقع حريق .

٣) ________؟ في محلّ تجاريّ.

٤) ________؟ أتّصل من محلّ الاتّصالات.

٥) ________؟ الإصابات كثيرة.

٦) ________؟ نحتاج إلى سيّارة إطفاء الحريق.

١٢. أجر التمرين مستعينا بالكلمات التي بين القوسين،كما في المثال:

أصيب خمسة ركاب	(5)

١) .... (10)

٢) .... (11)

٣) .... (12)

٤) .... (21)

٥) .... (35)

٦) .... (7)

٧) .... (15)

٨) .... (33)

٩) .... (100)

١٠) .... (كلّ)

١١) .... (بعض)

١٢) .... (نصف)

١٣) .... (أغلب)

١٤) .... (كثير من)

١٥) .... (قليل من)

١٣. صف ما حصل بين سامية وموظّف الطوارئ، بما لا يقلّ عن خمسين كلمة.

١٤. اكتب الدرس في دفترك.

UNIT 6

الوحدة السادسة : السفر

- استخراج جواز السفر
- تجديد الإقامة
- في المطار

Applying for passport

استخراج جواز السفر

صلاح : السلام عليكم.

الموظّف : وعليكم السلام .مرحبا، أيّ خدمة؟

صلاح : أريد جواز سفر

الموظّف : لماذا؟

صلاح : أنا طالب مرشّح للدراسة في الخارج.

الموظّف : ألف مبروك؟

صلاح : الله يبارك فيك.

الموظّف : إذن، اكتب البيانات المطلوبة في استمارة الطلب هذه، وانتبه، يجب أن تكون الكتابة بقلم حبر ناشف.

(بعد استكمال البيانات)

صلاح : هذه هي استمارة الطلب، تفضّل.

الموظّف : ضع بصمتك هنا، لو سمحت.

صلاح : حاضر ...هل تحتاجون إلى وثائق أخرى؟

الموظّف : صورة طبق الأصل من البطاقة الشخصيّة مع إحضار البطاقة للمطابقة، ومذكّرة رسميّة من الجهة الّتي ابتعثتك للدراسة مع أربع صور شخصيّة ملوّنة للوجه كاملا بحيث تكون خلفيتها بيضاء، مقاس 6 × 4

صلاح : ها هي، تفضّل.

الموظّف : خذها إلى المدير للموافقة عليها وعد بها إلينا لاستكمال الإجراءات.

(بعد موافقة المدير)

صلاح : تفضّل، هذه هي الوثائق مع موافقة المدير عليها.

الموظّف : بقي عليك دفع الرسوم

صلاح : لمن أدفعها؟

الموظّف : لموظّف الحسابات ، هناك ، خذ الوثائق معك واعرضها عليه.

(بعد دفع الرسوم)

صلاح : ها هي الوثائق مع إيصال الرسوم .هل بقي شيء آخر؟

الموظّف : سلامتك. تعال يوم غد لاستلام الجواز.

صلاح : شكرا، مع السلامة

Vocabulary

المفردات والتراكيب البسيطة

procedure	إِجْرَاءٌ	travel	سَفَرٌ
safety	سَلَامَةٌ	candidate	مُرَشَّحٌ
tourism	سِيَاحَةٌ	ink	حِبْرٌ
trade	تِجَارَةٌ	dry	نَاشِفٌ
specialist	مُخْتَصٌّ	taking part	مُشَارَكَةٌ
port	مِينَاءٌ	completing	إِسْتِكْمَالٌ
airport	مَطَارٌ	imprint	بَصْمَةٌ
navigation	مِلَاحَةٌ	form	إِسْتِمَارَةٌ
be carful	إِنْتَبِهْ	documents	وَثَائِقُ
place/put	ضَعْ	photo	صُورَةٌ
won scholarship	إِبْتَعَثَتْ	conference	مُؤْتَمَرٌ
come back with	عُدْ بِـــــ	original copy	أَصْلٌ
Left (v)	بَقِيَ	authentication	مُطَابَقَةٌ
show	إِعْرِضْ	official note	مُذَكَّرَةٌ رَسْمِيَّةٌ
to study abroad	لِلدِّرَاسَةِ فِي الْخَارِجِ	personal (adj)	شَخْصِيَّةٌ
application form	إِسْتِمَارَةُ الطَّلَبِ	authority, deprt	جِهَةٌ
certified copy	صُورَةٌ طِبْقُ الْأَصْلِ	colour	مُلَوَّنَةٌ
personal photo	بِطَاقَةٌ شَخْصِيَّةٌ	background	خَلْفِيَّةٌ
note	مُذَكَّرَةٌ	size	مَقَاسٌ
personal colour photos	صُوَرٌ شَخْصِيَّةٌ مُلَوَّنَةٌ	approval	مُوَافَقَةٌ

Expressions

الجمل والتعبيرات

Do you need any other documents?	هَلْ تَحْتَاجُونَ إِلَى وَثَائِقَ أُخْرَى؟
To whom shall I pay the fees?	لِمَنْ أَدْفَعُ الرُّسُومَ؟
Anything else?	هَلْ بَقِيَ شَيْءٌ آخَرُ؟
I need passport.	أُرِيدُ جَوَازَ سَفَرٍ.
I am as student and I have been nominated for a scholarship abroad.	أَنَا طَالِبٌ مُرَشَّحٌ لِلدِّرَاسَةِ فِي الْخَارِجِ.
Congratulations.	أَلْفَ مَبْرُوكٍ.
Thanks, may God bless you.	الله يُبَارِكُ فِيكَ.
Fill in (the needed information in) this application fom.	اُكْتُبِ الْبَيَانَاتِ الْمُطْلُوبَةَ فِي إِسْتِمَارَةِ الطَّلَبِ هَذِهِ .
Here is the application form. Put your thumb here please.	هَذِهِ هِيَ اسْتِمَارَةُ الطَّلَبِ. ضَعْ بَصْمَتَكَ هُنَا، لَوْ سَمَحْتَ.
We need a certified copy of your ID along with the original ID.	نَحْتَاجُ صُورَةً طِبْقَ الْأَصْلِ مِنَ الْبِطَاقَةِ الشَّخْصِيَّةِ مَعَ إِحْضَارِ الْبِطَاقَةِ لِلْمُطَابَقَةِ .
And an official letter (reference) from your funding body and an 4 × 6 full-face photo with white background.	وَمُذَكَّرَةً رَسْمِيَّةً مِنَ الْجِهَةِ الَّتِي إِبْتَعَثَتْكَ لِلدِّرَاسَةِ مَعَ أَرْبَعِ صُوَرٍ شَخْصِيَّةٍ مُلَوَّنَةٍ لِلْوَجْهِ كَامِلًا بِحَيْثُ تَكُونُ خَلْفِيَّتُهَا بَيْضَاءُ، مَقَاسُ 6 × 4 .
Take these documents to the Manager to sign/approve it.	خُذْ الْوَثَائِقَ إِلَى الْمُدِيرِ لِلْمُوَافَقَةِ عَلَيْهَا.

Bring the documents back to us to complete the procedures.	عُدْ بِالْوَثَائِقِ إِلَيْنَا لِاسْتِكْمَالِ الْإِجْرَاءَاتِ.
Here you are, the documents have been approved by the head of the department.	تَفَضَّلْ، هَذِهِ هِيَ الْوَثَائِقُ مَعَ مُوَافَقَةِ الْمُدِيرِ عَلَيْهَا.
Now, you have to pay the fees.	بَقِيَ عَلَيْكَ دَفْعُ الرُّسُومِ.
Pay the fees at the cashier/accountant over there.	اِدْفَعِ الرُّسُومَ لِمُوَظَّفِ الْحِسَابَاتِ ، هُنَاكَ.
Take the documents with you and show it to the cashier/accountant	خُذِ الْوَثَائِقَ مَعَكَ وَاعْرِضْهَا عَلَى مُوَظَّفِ الْحِسَابَاتِ.
Here are the documents along with payment receipt.	هَا هِيَ الْوَثَائِقُ مَعَ إِيصَالِ الرُّسُومِ.
Come tomorrow to collect/receive your passport.	تَعَالَ غَداً لِاسْتِلَامِ الْجَوَازِ.
Best wishes, God willing.	بِالتَّوْفِيقِ ، إِنْ شَاءَ اللهُ.

Language Practice

التدريبات

١. ترجم إلى العربيّة (تمرين شفهيّ عن المفردات والجمل، يشترك به الطلّاب كافّة)

٢. أجر التمرين مع تغيير ما يلزم، كما في المثال:

أنا طالب مرشّح للدراسة في الخارج . (أنا)

١) .... (نحن)

.... (أنت)

.... (أنتم)

.... (أنتن)

٢) .... (في الجامعة)

.... (موظّف)

.... (نحن)

.... (أنت)

.... (أنتم)

.... (أنا)

.... (للعمل)

٣) ______ (في المصنع)

______ (هو)

______ (هما)

______ (هم)

______ (هنّ)

٤) ______ (الشركة)

______ (هو)

______ (هما)

______ (هم)

______ (هنّ)

٥) ______ (الفندق)

٣. أعد الجملة" أ "في" ب "مع تغيير ما يلزم، كما في المثال:

أ : يجب أن تكون الكتابة بقلم حبر ناشف.

ب : الكتابة يجب أن تكون بقلم حبر ناشف

١) أ : اكتب البيانات المطلوبة في استمارة الطلب هذه.

ب : في استمارة الطلب ______

٢) أ : ضع بصمتك هنا، لو سمحت.

ب : هنا ______

UNIT 06

٣) أ : لمن أدفع الرسوم؟

ب : الرسوم ______ ؟.

٤) أ : متى يفتح مكتبكم ؟

ب : مكتبكم ______ ؟

٥) أ : تعال يوم غد لاستلام الجواز.

ب : يوم ______

٦) أ : كم عدد الطلّاب؟

ب : الطلّاب ______ ؟

٧) أ : متى يمكن أن أستلم الجواز؟

ب : الجواز ______

٨) أ : هل تعرف مكتب الهجرة والجوازات؟

ب : مكتب الهجرة ______ ؟

٤. أجب عن الأسئلة الآتية:

١) أين كانت المحادثة؟

٢) ماذا يريد صلاح؟ ولماذا؟

٣) ماذا طلب الموظّف من صلاح؟

٤) لماذا تكون الكتابة بالحبر الناشف؟

٥) ما الوثائق الأخرى التي طلبها الموظّف من صلاح؟

٦) لماذا أخذ صلاح الوثائق إلى المدير؟

٧) ولماذا أعاد الوثائق إلى الموظّف مرّة أخرى؟

٨) لمن دفع صلاح الرسوم؟

٩) متى يمكن أن يستلم صلاح الجواز؟

٥. املأ الفراغ بما يناسب:

صلاح : السلام عليكم.

الموظّف : وعليكم السلام .... ، أيّ خدمة؟

صلاح : أريد ....

الموظّف : لماذا؟

صلاح : أنا طالب .... للدراسة في الخارج.

الموظّف : ألف مبروك؟

صلاح : الله .... فيك.

الموظّف : إذن، اكتب البيانات .... في .... الطلب هذه، و .... يجب أن تكون .... بقلم حبر ....

(بعد .... البيانات)

صلاح : هذه هي .... الطلب، تفضّل.

الموظّف : ضع .... هنا، لو سمحت.

صلاح : حاضر .. هل .... إلى وثائق أخرى؟

الموظّف : صورة .... الأصل من .... الشخصيّة مع إحضار البطاقة للمطابقة،ومذكرة .... من الجهة التي .... للدراسة مع أربع صور شخصيّة .... للوجه كاملا بحيث تكون .... بيضاء، مقاس 6 × 4

صلاح : ها هي، تفضّل.

الموظّف : خذها إلى المدير .... عليها وعد بها إلينا لاستكمال ....

(بعد ______ المدير)

صلاح : تفضّل، هذه هي الوثائق مع ______ المدير عليها.

الموظّف : بقي عليك ______ الرسوم

صلاح : لمن ______ ؟

الموظّف : لموظّف الحسابات ، هناك ، خذ الوثائق معك و ______ عليه.

(بعد ______ الرسوم)

صلاح : ها هي الوثائق مع ______ الرسوم .هل ______ شيء آخر؟

الموظّف : سلامتك .تعال يوم غد ______ الجواز.

٦. هات الأسئلة والإجابات مستعينا بما بين القوسين، كما في المثال:

(جواز سفر – مصر – الدراسة)

أ : أريد جواز سفر	ب : إلى أين ستسافر؟
أ : إلى مصر	ب : لماذا؟
أ : للدراسة	ب : بالتوفيق، إن شاء الله.
أ : شكرا	

١) (جواز سفر – فرنسا – السياحة)

أ : ______	ب : ______؟
أ : ______	ب : ______؟
أ : ______	ب : ______، ______
أ : ______	

٢) (تذكرة طيران – اليابان – التجارة)

أ : ______	ب : ______؟
أ : ______	ب : ______؟
أ : ______	ب : ______، ______
أ : ______	

٣) (تذكرة طيران – بريطانيا – العلاج)

أ : ____ ب : ____؟

أ : ____ ب : ____؟

أ : ____ ب : ____، ____

أ : ____

٤) (حقيبة سفر – سوريا – زيارة صديقي)

أ : ____ ب : ____؟

أ : ____ ب : ____؟

أ : ____ ب : ____، ____

أ : ____

٥) (جواز سفر – أمريكا – العمل)

أ : ____ ب : ____؟

أ : ____ ب : ____؟

أ : ____ ب : ____، ____

أ :

٦) (تذكرة طيران – قطر – المشاركة في مؤتمر)

أ : ____ ب : ____؟

أ : ____ ب : ____؟

أ : ____ ب : ____، ____

أ : ____

UNIT 06

٧. أعد صياغة الجملة مع تغيير ما يلزم:

يا صلاح، اكتب البيانات المطلوبة في استمارة الطلب هذه .وانتبه يجب أن تكون الكتابة بقلم حبر ناشف.

١) يا هدى.

٢) يا صلاح وسال.

٣) يا فاطمة وهدى.

٤) يا أحمد ومحمّد وعلي.

٥) يا هدى وزينب وفاطمة.

٨. كون جملة مناسبة من المفردات التي بين القوسين، كما في المثال:

(وثائق إلى أخرى تحتاجون هل)
هل تحتاجون إلى وثائق أخرى؟

١) (إلى وأزور حصلت القاهرة الأهرام نقود إذا على سأسافر)

٢) (سنتين الجامعية الدراسة أنا قبل أكملت)

٣) (المدير إلى أخذت يوافق الوثائق ولم عليها)

٤) (الماضي مريضا لم العام لأنّي أسافر كنت)

٥) (الوثائق أمس الهجرة مكتب في فقدت)

٦) (الجواز أدفع أحصل على الرسوم لم لم لأنّي)

٧) (كوريا جميلة الربيع في السياحة في فصل)

٨) (الامتحان المحاضرات تنجح تحضر لم لن إذا في)

٩. حول إلى صيغة المثنى والجمع كل جملة من الآتي، كما في المثال:

هذا هو الطالب الذي حضر المحاضرة.
هذان هما الطالبان اللذان حضرا المحاضرة.
هؤلاء هم الطلّاب الذين حضروا المحاضرة.

١) هذا هو الجواز الذي حصلت عليه.

٢) هذه هي الوثيقة التي وافق عليها المدير.

٣) هذا هو الكتاب الذي قرأته.

٤) هذه هي المدينة التي زرتها.

٥) هذا هو الأستاذ الذي أحترمه.

٦) هذه هي الطبيبة التي عالجتني.

٧) هذا هو المدير الذي قابلته.

٨) هذه هي الجامعة التي تعلمت فيها.

١٠. حوّل إلى صيغة المثنّى والجمع كلّ جملة من الآتي، كما في المثال:

هل استلمت جوازك؟	هل استلمتما جوازيكما؟
هل استلمتم جوازاتكم؟	هل استلمتنّ جوازاتكنّ؟

١) هل سافرت إلى قريتك؟

............؟ ....؟

............؟ ....؟

٢) هل قابلت طبيبك؟

............؟ ....؟

............؟ ....؟

٣) هل كتبت محاضرتك؟

............؟ ....؟

............؟ ....؟

٤) هل قرأت كتابك؟

............؟ ....؟

............؟ ....؟

٥) هل شاهدت صديقك؟

............؟ ....؟

............؟ ....؟

٦) هل تكلّمت مع زميلك؟

............؟ ....؟

............؟ ....؟

UNIT 06

١١. هات الأسئلة والإجابات مستخدما ما بين القوسين، كما في المثال:

(ذهب – مكتب الهجرة والجوازات – استلم – الجواز – غدا)

أ : هل ذهبت إلى مكتب الهجرة والجوازات؟ ب : نعم.ذهبت.

أ : هل استلمت الجواز؟ ب : لا.لم استلمه.

أ : متى ستستلمه؟ ب : سأستلمه غدا.

١) (ذهب – المستشفى – قابل – الطبيب – بعد غد)

أ : ؟ ب :

أ : ؟ ب :

أ : ؟ ب :

٢) (سافر – دمشق – زار – الجامع الأمويّ -الرحلة القادمة)

أ : ؟ ب :

أ : ؟ ب :

أ : ؟ ب :

٣) (التحق – الجامعة – تعلّم – العربيّة – بعد سنة)

أ : ؟ ب :

أ : ؟ ب :

أ : ؟ ب :

٤) (أخذ – استمارة – ملأ – البيانات – الآن)

أ : ؟ ب :

أ : ؟ ب :

أ : ؟ ب :

٥) (وجد – المدير – وافق على – الوثائق – لا أعرف)

أ : ؟ ب :

أ : ؟ ب :

أ : ؟ ب :

٦) (رأى – المحاسب – دفع – الرسوم – حين يعود)

أ : ______ ؟ ب : ______

أ : ______ ؟ ب : ______

أ : ______ ؟ ب : ______

٧) (حضر – المحاضرة – كتب – الدرس – الأسبوع القادم)

أ : ______ ؟ ب : ______

أ : ______ ؟ ب : ______

أ : ______ ؟ ب : ______

٨) (عرف – المطعم – أكل – الغداء – في الساعة الواحدة)

أ : ______ ؟ ب : ______

أ : ______ ؟ ب : ______

أ : ______ ؟ ب : ______

١٢. أكمل الوصف بما يناسب ، كما في المثال:

مكتب الهجرة والجوازات هو المختصّ بالجواز والإقامة.

١) المستشفى هو المختصّ ب ______

٢) الفندق ______

٣) مكتب الطوارئ ______

٤) مكتب البلدية ______

٥) مكتب البريد ______

٦) السينما ______

٧) الجامعة ______

٨) البنك

٩) الأوتوبيس

١٠) المطار

١١) الميناء

١٣. ما هي الإجراءات المطلوبة لاستخراج جواز سفر من بلدك

١٤. اكتب الدرس في دفترك.

Applying for temporary residency/visa
استخراج إقامة مؤقتة

عبد الكريم : صباح الخير.

الموظّف : صباح النور، مرحبا ، أيّ خدمة؟

عبد الكريم : أريد استخراج بطاقة إقامة.

الموظّف : من أيّ بلد أنت؟

عبد الكريم : من اليمن.

الموظّف : ماذا تعمل هنا؟

عبد الكريم : أعمل أستاذا في جامعة هانكوك للدّراسات الأجنبيّة.

الموظّف : تفضّل، اجلس واملأ البيانات المطلوبة في استمارة الطلب .مع صورتين شخصيّة ملوّنة.

UNIT 06

(بعد تملئة البيانات)

عبد الكريم : ها هي استمارة الطلب مع الصورتين، تفضّل.

الموظّف : جواز السفر ، من فضلك.

عبد الكريم : ها هو، تفضّل.

الموظّف : رسالة من الجامعة بطلب منحك الإقامة، مع عقد العمل ، لو سمحت.

عبد الكريم : ها هما، تفضّل.

الموظّف : تفضّل الإيصال، سيتمّ إرسال بطاقة الإقامة مع الجواز إلى منزلك خلال الأسبوعين القادمين.

عبد الكريم : شكرا، مع السلامة.

الموظّف : إلى اللقاء.

Vocabulary

المفردات والتراكيب البسيطة

Sit down	اِجْلِسْ	applying for	اِسْتِخْرَاجٌ
fill	اِمْلَأْ	residency card	بِطَاقَةُ إِقَامَةٍ
granted	مَنَحَ	Stay/residency	إِقَامَةٌ
allowed	سَمَحَ	country	بَلَدٌ
contract	عَقْدٌ	you fill it	تَمْلَئُهُ
employment	اَلْعَمَلُ	grant/scholarship	مِنْحَةٌ
Arabic	اَلْعَرَبِيُّ	Letter/thesis	رِسَالَةٌ
literature	أَدَبٌ	University	اَلْجَامِعَةُ

Expressions

الجمل والتعبيرات

From country do you come from?	مِنْ أَيِّ بَلَدٍ أَنْتَ؟
What are you doing here?	مَاذَا تَعْمَلُ هُنَا؟
I want to apply for visa/residency.	أُرِيدُ اِسْتِخْرَاجَ بِطَاقَةِ إِقَامَةٍ.
I work as a professor at Hankuk University of foreign Studies.	أَعْمَلُ أُسْتَاذًا فِي جَامِعَةِ هَانْكُوك لِلدِّرَاسَاتِ الْأَجْنَبِيَّةِ.
Sit down and fill the needed information in application form, two personal colour photos [are required]	اِجْلِسْ وَامْلَأْ الْبَيَانَاتِ الْمَطْلُوبَةَ فِي اسْتِمَارَةِ الطَّلَبِ، مَعَ صُورَتَيْنِ شَخْصِيَّةٍ مُلَوَّنَةٍ.
Here is the application form along with the two photos.	هَا هِيَ اِسْتِمَارَةُ الطَّلَبِ مَعَ الصُّورَتَيْنِ، تَفَضَّلْ.
Passport please.	جَوَازَ السَّفَرِ ، مِنْ فَضْلِكَ.
University certificate of employment along with the contract please.	لَوْ سَمَحْتَ، خِطَاباً مِنْ رِسَالَةِ الْجَامِعَةِ يُفِيدُ مِنحَكَ الْإِقَامَةِ، مَعَ عَقْدِ الْعَمَلِ.
Here is the receipt.	تَفَضَّلْ، الْإِيصَالَ.
Residency visa along with passport will be sent to your home address within the next two weeks.	سَيَتِمُّ إِرْسَالُ بِطَاقَةِ الْإِقَامَةِ مَعَ الْجَوَازِ إِلَى مَنْزِلِكَ خِلَالَ الْأُسْبُوعَيْنِ الْقَادِمَيْنِ.

Language Practice

التدريبات

١. ترجم إلى العربيّة (تمرين شفهيّ عن المفردات والجمل، يشترك به الطلّاب كافّة)

٢. أعد الجملة" أ "مبتدءا بما في" ب "و"ت "مع تعديل ما يلزم ،كما في المثال:

أ : أعمل أستاذا في جامعة هانكوك للدراسات الأجنبيّة

ب : جامعة هانكوك للدراسات الأجنبيّة أعمل فيها أستاذا.

ت : أعمل في جامعة هانكوك للدراسات الأجنبيّة أستاذا.

١) أ : سيتمّ إرسال بطاقة الإقامة مع الجواز إلى منزلك خلال الأسبوعين القادمين

ب : بطاقة الإقامة مع الجواز

ت : خلال الأسبوعين القادمين

٢) أ : يعمل عليّ وعبد الله في السعودية

ب : عليّ وعبد الله

ت : في السعودية

٣) أ : استخرج محمّد وصلاح وسامي جوازاتهم من مكتب الهجرة.

ب : محمّد وصلاح وسامي

ت : من مكتب الهجرة

٤) أ : كتبت هدى وزينب البيانات المطلوبة

ب : هدى وزينب ……………………

ت : البيانات ……………………

٥) أ : من أيّ بلد أنت، يا محمّد؟

ب : أنت …………… ؟

ت : يا محمّد، …………… ؟

٦) أ : طلب الموظّف رسالة الجامعة مع عقد العمل

ب : الموظّف ……………………

ت : رسالة الجامعة ……………………

٣. أجر التمرين مستعينا بما بين القوسين، كما في المثال:

١) اجلس واملأ البيانات المطلوبة (أنتَ)

…………………… (أنتِ)

…………………… (أنتما)

…………………… (أنتم)

…………………… (أنتنّ)

٢) جلس وملأ البيانات المطلوبة (هو)

…………………… (هي)

…………………… (هما)

…………………… (هم)

…………………… (هنّ)

٣) يجلس ويملأ البيانات المطلوبة (هو)

(أنا)

(أنتَ)

(أنتِ)

(أنتما)

(أنتم)

(أنتنّ)

(هي)

(هما)

(هم)

(هنّ)

٤. أجر التمرين مستعينا بما بين القوسين، كما في المثال:

(بطاقة الإقامة – استخرج – شهر – مكتب الهجرة – سيول)

أ : هل لديك بطاقة الإقامة؟ ب : نعم.

أ : متى استخرجتها؟ ب : قبل شهر.

أ : من أين؟ ب : من مكتب الهجرة.

أ : أين هو؟ ب : في سيول.

١) (تذكرة سفر – اشترى – أسبوع – مكتب سياحة – الدوحة)

أ : ؟ ب :

أ : ؟ ب :

أ : ؟ ب :

أ : ؟ ب :

٢) (معطف صوفيّ – اشترى – يومين – معرض ملبوسات – عمّان)

أ : ؟ ب :

أ : ؟ ب :

أ : ؟ ب :

أ : ؟ ب :

٣) (بطاقة ائتمان – استخرج – ستة أشهر – البنك – قريب الجامعة)

أ : ؟ ب :

أ : ؟ ب :

أ : ؟ ب :

أ : ؟ ب :

٤) (كتاب في الأدب العربيّ – استعار – ثلاثة أيّام – مكتبة الجامعة – أمام محطّة الأوتوبيس)

أ : ؟ ب :

أ : ؟ ب :

أ : ؟ ب :

أ : ؟ ب :

٥) (سيّارة – اشترى – سنتين – معرض سيّارات – الرياض)

أ : ؟ ب :

أ : ؟ ب :

أ : ؟ ب :

أ : ؟ ب :

٥. أجب عن الأسئلة الآتية:

١) أين كانت المحادثة؟

٢) ماذا يريد عبد الكريم؟

٣) من أيّ بلد هو؟

٤) ماذا يعمل في كوريا؟

٥) ماذا طلب منه الموظّف؟

٦) متى يمكن أن يستلم بطاقة الإقامة.

٦. املأ الفراغ بما يناسب:

عبد الكريم : صباح الخير.

الموظّف : صباح النور، مرحبا، أيّ خدمة؟

عبد الكريم : أريد استخراج ....

الموظّف : من أيّ .... أنت؟

عبد الكريم : من اليمن.

الموظّف : ماذا .... هنا؟

عبد الكريم : أعمل .... في جامعة هانكوك للدراسات الأجنبيّة.

الموظّف : تفضّل، اجلس واملأ .... في .... مع صورتين شخصيّة ....

(بعد تملئة البيانات)

عبد الكريم : ها هي .... مع الصورتين، تفضّل.

الموظّف : .... :السفر ، من فضلك.

عبد الكريم : ها هو، تفضل.

الموظّف : .... الجامعة بطلب .... الإقامة، مع .... ، لو سمحت.

عبد الكريم : ها هما، تفضل.

الموظّف : تفضّل الإيصال .سيتمّ .... بطاقة الإقامة مع الجواز إلى .... خلال الأسبوعين القادمين.

عبد الكريم : شكرا، مع السلامة

الموظّف : إلى اللقاء

UNIT 06

٧. صف ما جرى بين موظّف مكتب الهجرة وعبد الكريم:

٨. أجر التمرين مستعينا بما بين القوسين، كما في المثال:

(ملأ – البيانات المطلوبة – سلّم)
ملأت البيانات المطلوبة من دون أن أسلّمها.

١) (استعار – الكتب – قرأ)

٢) (اشترى – القمصان -لبس)

٣) (كتب – الرسالة – بعث)

٤) (استلم – الإجابة – عرف)

٥) (سمع عن – حديقة الحيوان – زار)

٦) (وجد – مطعم السمك – أكل فيه)

٧) **(شاهد – سوق الفاكهة – اشترى منه)**

٩. أجر التدريب ، كما في المثال:

اسأل الموظّف عن موعد استلامك البطاقة.
متى يمكن أن أستلم البطاقة، لو سمحت؟

١) اسأل الموظّف عن مكان توقيعك في الاستمارة.

؟

٢) اسأل الطبيب عن عدد المرّات الّتي تتناول بها الدواء في اليوم.

؟

٣) اطلب من السائق إيصالك إلى الجامعة.

؟

٤) اطلب من حسن وعليّ أن يشكرا الأستاذ.

؟

٥) اطلب من زملائك حضور المحاضرة.

؟

٦) اسأل أستاذك عن موعد الامتحان.

؟

٧) اعتذر لصديقك عن السفر معه إلى القرية.

؟

١٠. أدخل كلّ كلمة من الكلمات الآتية في جملة:

١) منح

٢) استخرج

٣) ملأ

٤) جلس

٥) عمل

٦) أرسل

٧) استلم

٨) أقام

٩) أراد

١٠) سمح

١١. اقرأ العبارة ثم أعد كتابتها مبتدئا بما في" ب "و"ت "و"ث "و"ج"و"ح"و"د:"

أ : عندما قابلت موظف الهجرة أعطاني استمارة وطلب منّي تملئة البيانات فيها.

ب : عندما قابلنا

ت : عندما قابل عليّ وحسن

ث : عندما قابلت هدى

ج : عندما قابلت هدى ونادية

ح : عندما قابل عليّ وحسن ومصطفى

د : عندما قابلت هدى ونادية وفاطمة

١٢. أعد العبارة الآتية مستفيدا ممّا بين القوسين ومغيّرا ما يلزم:

إذا تريد بطاقة الإقامة، اذهب إلى مكتب الهجرة (أنتَ)

١) (أنتِ)

٢) (أنتما)

٣) (أنتم)

٤) (أنتنّ)

٥) (هو)

٦) (هي)

٧) (هما)

٨) (هم)

٩) (هنّ)

UNIT 06

١٣. أجر التدريب مستعينا بما بين القوسين، كما في المثال:

(مكتب الهجرة – الموظّف – غدا)
ذهبت إلى مكتب الهجرة ولم أجد الموظّف وسأعود إليه غدا.

١) (المطعم – السمك المشويّ – وقت العشاء)

٢) (المستشفى – الطبيب – الخميس القادم)

٣) (المدرسة – المدير – بعد غد)

٤) (المكتبة – الكتاب المطلوب – بعد الظهر)

٥) (المحطّة – سيّارة أجرة – الآن)

٦) (الفصل – زملائي – بعد ساعة)

٧) (البيت – أسرتي – قبل المساء)

٨) (السوق – المعطف المناسب – وقت آخر)

١٤. أجر التدريب مستعينا بما بين القوسين، كما في المثال:

(مبنى إداة الهجرة – أمام الحديقة)

أ : لوسمحت، أين مبنى إدارة الهجرة؟

ب : أمام الحديقة.

١) (المعطم – في الطابق الأوّل)

أ : ، ؟

ب :

٢) (الصيدليّة – بجانب المستشفى)

أ : ، ؟

ب :

٣) (الحمّام – آخر الممرّ)

أ : ، ؟

ب :

٤) (المحاضرة – في الفصل 4)

أ : ، ؟

ب :

٥) (الكتاب – فوق الطاولة)

أ : ، ؟

ب :

٦) (المدير – في المكتب)

أ : ، ؟

ب :

٧) (محطة الأوتوبيس - خلف مبنى البنك)

أ : .... ، .... ؟

ب : ....

٨) (المحاسب – البنك)

أ : .... ، .... ؟

ب : ....

١٤. اكتب الدرس في دفترك.

Weighing luggage

وزن الحقائب

مُوَظّف المَطار : ممكن جواز السّفر والتّذكرة ، من فضلك؟

سارّة : تفضّل.

مُوَظّف المَطار : كم حقيبة معك؟

سارّة : معي حقيبة كبيرة وأخرى صغيرة.

مُوَظّف المَطار : هل تحملين أيّ شيء مخالف للقانون كالأموال أو المواد الّتي تسبّب الحريق أو المخدّرات؟

سارّة : لا، أنا أسافر كثيرا وأعرف أنّه ممنوع حمل مثل هذه الأشياء.

مُوَظّف المَطار : حسنا، إذن ليست لديك مشكلة، سوى زيادة الوزن.

سارّة : كم تكلّف الزّيادة؟

مُوَظَّف المَطار : تكلف 125دينارا.

سارَّة : أين أدفع؟

مُوَظَّف المَطار : هناك في الصّندوق .تفضّلي هذه بطاقة الدّخول .

سارَّة : شكرا جزيلا، مع السلامة.

مُوَظَّف المَطار : رحلة ممتعة، في أمان الله.

Vocabulary

المفردات والتراكيب البسيطة

a large/big bag	حَقِيبَةٌ كَبِيرَةٌ	bag	حَقِيبَةٌ
a small bag	حَقِيبَةٌ صَغِيرَةٌ	ticket	تَذْكَرَةٌ
entry/access Card	بِطَاقَةُ الدُّخُولِ	extra weight	وَزْنٌ زَائِدٌ
box/fund	صُنْدُوقٌ	card	بِطَاقَةٌ
Flammable	حَرِيقٌ	items	مَوَادٌّ
drugs	مُخَدِّرَاتٌ	illegal/against the law	مُخَالِفٌ لِلْقَانُونِ
money	أَمْوَالٌ	forbidden	مَمْنُوعٌ

Expressions

الجمل والتعبيرات

Can you I see your passport and ticket please?	مُمكِنٌ جوازَ السَّفرِ والتَّذْكَرَة ، مِنْ فَضلِك؟
How many bags do you have?	كَمْ حَقِيبَةً معكِ؟
Do you have anything against the law like money, flammable items or drugs ?	هَلْ تَحْمِلِينَ أيَّ شَيْءٍ مُخَالِفٍ لِلْقَانُونِ، كَالْأَمْوَالِ أَوِ الْمَوَادِ الَّتِي تُسَبِّبُ الْحَرِيقَ أَوِ الْمُخَدِّرَاتِ؟
Where can I pay?	أَيْنَ أَدْفَعُ؟
How much does extra weight cost?	كَمْ تُكلِّفُ الزِّيَادَةُ؟
I have a big/large bag and a small bag.	مَعِي حَقِيبَةٌ كَبِيرَةٌ وَأُخْرَى صَغِيرَةٌ.
I know it's forbidden to hold like these things.	أَعْرِفُ أَنَّهُ مَمْنُوعٌ حَمْلُ مِثْلِ هَذِهِ الْأَشْيَاءِ.
You don't have any problem except extra weight.	لَيْسَتْ لَدَيْكِ مُشْكِلَةٌ، سِوَى زِيَادَةِ الْوَزْنِ.
Extra weight costs 125 dinars.	تُكَلِّفُ الزِّيَادَةُ 125 دِينَارًا .
Paying is here in the box.	الدَّفْعُ هُنَاكَ فِي الصُّنْدُوقِ .
Here is the entry card.	تَفَضَّلِي هَذِهِ بِطَاقَةَ الدُّخُولِ.

Language Practice

التدريبات

١. ترجم إلى العربيّة (تمرين شفهيّ عن المفردات والجمل، يشترك به الطّلاب كافّة)

٢. أكمل بما يناسب:

١) ممكن ...... و ...... ، من فضلك؟

٢) كم ...... معك؟

٣) معي ...... كبيرة وأخرى ......

٤) عندك ...... زائد.

٥) كم تكلّف ...... ؟

٦) تكلّف ...... دينارا.

٧) أين ...... ؟

٨) هناك في ...... تفضّلي هذه ...... الدّخول .

٣. ما السؤال الممكن لكلّ إجابة مما يأتي :

١) ...... ؟ معي حقيبة كبيرة وأخرى صغيرة.

UNIT 06

٢) ____________ ؟ بلى ، لديّ وزن زائد.

٣) ____________ ؟ أجل ، لم أسافرْ من قبل.

٤) ____________ ؟ تكلف الزيادة 125دينارا.

٤. أجب عن الآتي:

١) ماذا طلب موظف المطار من الآنسة سارّة؟

٢) كم حقيبة مع سارّة؟

٣) كم نقودا دفعتها سارّة عن الوزن الزائد؟

٤) أين تم دفع النقود؟

٥. أعد صياغة الجمل الآتية، كما في المثال:

قبل السفر بالطائرة، لا بدّ من حجز المقعد.
لا بدّ من حجز المقعد، قبل السفر بالطائرة.
المقعد، لا بدّ من حجزه، قبل السفر بالطائرة.

١) تكلف الزيادة 125دينارا.

الزيادة ____________

125 دينارا ____________

٢) نسافر بالطائرة الكوريّة إلى بلدان عديدة.

بالطائرة الكوريّة ....

بلدان عديدة ....

إلى بلدان عديدة ....

نسافر إلى بلدان عديدة ....

٣) يتم تفتيش المسافرين في كلّ مطار في العالم تقريبا .

كلّ مطار في العالم تقريبا ....

المسافرون ....

تفتيش المسافرين ....

في كلّ مطار في العالم ....

يتمّ ،في كلّ مطار في العالم تقريبا، ....

٦. أجر التدريب مستعينا بما بين القوسين،كما في المثال:

تكلف الزيادة مئة وخمسة وعشرين دينارا (الزيادة - 125)

١) .... (الطعام - 13)

٢) .... (الرحلة - 150)

٣) .... (البنطلون - 43)

٤) .... (الكتاب - 11)

٥) .... (القلم - 4)

٦) .... (الحقيبة - 8)

٧) .... (السيّارة - 20,000)

٨) .... (الدراجة - 2,100)

UNIT 06

٧. صف ما جرى بين سارة وموظّف المطار :

٨. أجر التدريب ، كما في المثال:

١) هذا هو الموظف الذي قابلته سارة

٢) هذان هما الموظّفان اللذان قابلتهما سارة

٣) هاتان هما الموظّفتان اللتان قابلتهما سارة

٤) هؤلاء هم الموظفون الذين قابلتهم سارة

٥) هؤلاء هن الموظّفات اللواتي قابلتهم سارة

٩. اكتب الدرس في دفترك.

Appendix

قاموس عربي - إنجليزي
قاموس إنجليزي - عربي

Arabic-English Glossary

قاموس عربي - إنجليزي

▪ Numbers refer to the unit in which the word was introduced.

أ

(١)	I look for	أَبْحَثُ عَنْ	(٦)	scholarship won	اِبْتَعَثْتْ
(٣)	slowed down	أَبْطَأَ	(٤)	creativity	إِبْدَاعٌ
(٢)	(call/ contact (imp	اِتَّصِلْ	(١)	white	أَبْيَضُ f. بَيْضَاءُ
(٣)	I come	آتِي	(٤)	agreed	اِتَّفَقَ
(٦)	procedure	إِجْرَاءٌ	(٤)	archeological	أَثَرِيٌّ
(٢)	having (blood/urine) test	إِجْرَاء فَحْصٍ	(٢)	having (blood/urine) test	إِجْرَاءُ تَحْلِيلٍ-
(٦)	Sit down	اِجْلِسْ	(٣)	fare	أُجْرَةٌ
(٢)	foreign	أَجْنَبِيٌّ	(٤)	more beautiful	أَجْمَلُ
(٢)	took	أَخَذَ	(١)	red	أَحْمَرُ f. حَمْرَاءُ
(٤)	Umrah performing	أَدَاءُ الْعُمْرَةِ	(١)	green	أَخْضَرُ f. خَضْرَاءُ
(٥)	admins emergency	إِدَارَةُ الطَّوَارِئ	(٥)	Administration	إِدَارَةٌ
(٢)	entered	أَدْخَلْتَ	(٦)	literature	أَدَبٌ
(٤)	lower	أَدْنَى	(١)	I pay	أَدْفَعُ
(٤)	smarter	أَذْكَى	(٢)	required medications	أَدْوِيَةٌ مَطْلُوبَةٌ
(٤)	cheaper	أَرْخَصُ	(٢)	high temperature	اِرْتِفَاعُ دَرَجَةِ حَرَارَةِ الْجِسْمِ

(٢)	sending	إِرْسَالٌ	(٢)	rice	أُرْزٌ
(٦)	applying for	إِسْتِخْرَاجٌ	(١)	blue	أَزْرَقُ f. زَرْقَاءُ
(٢)	liked, enjoyed	إِسْتَطَابَ	(٥)	down rest/ sit	إِسْتَرِحْ
(٦)	completing	إِسْتِكْمَالٌ	(٢)	received/met/ introduced	إِسْتَقْبَلَتْ
(٦)	form application	إِسْتِمَارَةُ الطَّلَبِ	(٦)	form	إِسْتِمَارَةٌ
(٣)	went quickly	أَسْرَعَ	(٢)	I record/ register	أُسَجِّلُ
(١)	cheap prices	أَسْعَارٌ رَخِيصَةٌ	(٤)	faster	أَسْرَعُ
(٣)	bottom of the page	أَسْفَلُ الْوَرَقَةِ	(١)	happier, luckier	أَسْعَدُ
(٥)	side lights	إِشَارَةُ ضَوْءٍ	(١)	black	أَسْوَدُ f. سَوْدَاءُ
(١)	I bought	إِشْتَرَيْتُ	(٣)	traffic light	إِشَارَةُ الْمُرُورِ
(٤)	smaller/shorter	أَصْغَرُ	(٣)	exchange(imp.)	إِصْرِفْ
(٦)	original copy	أَصْلٌ	(١)	yellow	أَصْفَرُ f. صَفْرَاءُ
(٥)	injured was/were	أُصِيبَ	(٥)	repair	إِصْلَاحٌ
(٤)	longer/taller	أَطْوَلُ	(٥)	fire extinguishing	إِطْفَاءٌ
(٢)	I suffer	أُعَانِي	(٥)	I think	أَظُنُّ
(٦)	show	اَعْرِضْ	(٥)	cross (imp.)	اُعْبُرْ
(٤)	higher	أَعْلَى	(٤)	greatest the	أَعْظَمُ
(٤)	more expensive	أَغْلَى	(٥)	majority	أَغْلَبُ
(٤)	I suggest	أَقْتَرِحُ	(٦)	Stay/residency	إِقَامَةٌ
(٤)	bigger/greater	أَكْبَرُ	(٢)	pain-killers	أَقْرَاصٌ مُسَكِّنَةٌ
(٥)	more than one journey	أَكْثَرُ مِنْ رِحْلَةٍ	(٤)	more	أَكْثَرُ
(٢)	pain	الأَلَمُ	(٢)	ate	أَكَلَ
(٣)	receipt	اَلْإِيصَالُ	(٤)	the pyramids	اَلْأَهْرَامُ

(٣)	regular mail	اَلْبَرِيدُ الْعَادِيُّ	(٣)	courier/express mail	اَلْبَرِيدُ السَّرِيعُ
(٤)	Mosque Umayyad	اَلْجَامِعُ الْأُمَوِيُّ	(٣)	required data	اَلْبَيَانَاتُ الْمَطْلُوبَةُ
(١)	AUC University	اَلْجَامِعَةُ الْأَمْرِيكِيَّةُ	(٦)	University	اَلْجَامِعَةُ
(٥)	first line	اَلْخَطُّ الْأَوَّلُ	(٤)	Mountain Green	اَلْجَبَلُ الْأَخْضَرُ
(١)	the same line	اَلْخَطُّ نَفْسُهُ	(٥)	sixth Line	اَلْخَطُّ السَّادِسُ
(٣)	code/pin	اَلرَّقْمُ السِّرِّيُّ	(٢)	third floor	الدَّوْرُ الثَّالِثُ
(٣)	Yemeni Riyal	اَلرِّيَالُ الْيَمَنِيّ	(٣)	code/ pin	اَلرَّقْمُ السِّرِّيُّ
(٥)	coastal road	اَلطَّرِيقُ الْبَحْرِيُّ	(٢)	physician	اَلطَّبِيبُ الْمُعَالِجُ
(١)	Attaba	اَلْعَتَبَةُ	(٥)	road circular/ring	اَلطَّرِيقُ الدَّائِرِيُّ
(٤)	playing on the flute	اَلْعَزْفُ عَلَى النَّايِ	(٦)	Arabic	اَلْعَرَبِيُّ
(١)	electronic	إِلِكْتُرُونِيٌّ	(٦)	employment	اَلْعَمَلُ
(٥)	electrical	اَلْكَهْرَبَائِيّ	(٤)	Holy Ka'aba	اَلْكَعْبَةُ الشَّرِيفَةُ
(١)	the same station	اَلْمَحَطَّةُ نَفْسُهَا	(٣)	amount required	اَلْمَبْلَغُ الْمَطْلُوبُ
(٤)	Mosque Al-Aqsa	اَلْمَسْجِدُ الْأَقْصَى	(٣)	recipient/ consignee	اَلْمُرْسَلُ إِلَيْهِ
(٥)	Mansoura	اَلْمَنْصُورَةُ	(٣)	required information	المَعْلُومَاتُ المَطْلُوبَةُ
(٢)	prescription	اَلْوَصْفَةُ الطِّبِّيَّةُ	(٥)	zone Indisturial	اَلْمِنْطَقَةُ الصِّنَاعِيَّةُ
(٥)	walk (imp.)	اِمْشِ	(٣)	At the moment	اَلْوَقْتُ الْحَالِي
(٦)	fill	اِمْلَأْ	(٣)	possibility	إِمْكَانِيَّةٌ
(٦)	be carful	اِنْتَبِهْ	(٦)	money	أَمْوَالٌ
(٢)	waited	اِنْتَظَرَ	(٥)	I wait	أَنْتَظِرُ

إِنْدَهَشَ	was surprised	(٤)	إِنْهِيَارٌ	collapse	(٥)
أَوْقَفَ	stopped	(٢)	إِي تِيه وُون	Etaewon	(٥)
إِيصَالٌ	receipt	(٣)			

ب

بَاقِي	change (n)	(٣)	بَالِ	mind/thinking	(٤)
بِالْفِعْلِ	already	(٤)	بَائِعٌ ج. ـــونَ	merchant	(١)
بَحْرٌ هَائِجٌ	high waves	(٤)	بِحَقٍّ	actually really	(٤)
بُرْتُقَالٌ	orange	(٢)	بَرْدٌ	cold	(٢)
بَسِيطٌ	simple	(١)	بَصْمَةٌ	imprint	(٦)
بَطَاطِسُ	potato	(٢)	بِطَاقَةٌ	card	(٦)
بِطَاقَةُ إِقَامَةٍ	residency card	(٦)	بِطَاقَةُ الدُّخُولِ	entry/access Card	(٦)
بِطَاقَةُ الْهَوِيَّةِ	ID	(٣)	بِطَاقَةٌ ج. ـــاتٌ، ـــائِقُ	card	(١)
بِطَاقَةٌ شَخْصِيَّةٌ	ID card	(١)	بِطَاقَةٌ شَخْصِيَّةٌ	photo personal	(٦)
بَعْدَ الْوُصُولِ إِلَى	reaching after	(٥)	بَقِيَ	Left (v)	(٦)
بَلَدٌ	country	(٦)	بُلُوزَةٌ ج. ـــاتٌ	blouse	(١)
بَنْطَلُون ج. ـــاتٌ	pants, trousers	(١)	بَنْكٌ	bank	(٣)
بُنِّيٌّ	brown	(١)	بِيَانُو	piano	(٤)
بَيْضٌ	eggs	(٢)	بَيْنَهُمَا	between	(٥)

ت

Arabic	English	Lesson	Arabic	English	Lesson
تَارِيخٌ	history	(٤)	تَتَحَدَّى	challenge	(٤)
تَتَّصِلُ	calls (v)	(٥)	تَتَعَامَلُ	with deal	(٣)
تَتَعَدَّى	exceeds (v)	(٤)	تِجَارَةٌ	trade	(٦)
تُجَسِّدُ	embodies	(٤)	تَجَنَّبْ	avoid	(٢)
تَجَوُّلٌ	walking/roaming	(٤)	تُجِيدُ	(v) masters	(٤)
تَحْتَاجُ	needs	(٥)	تَحَرَّكَ	moved	(٣)
تَحْسِبُ	count/check	(٣)	تَدْخِينٌ	smoking	(٢)
تَدْخِينُ السَّجَائِرِ	smoking cigarettes	(٢)	تَذْكَرَةٌ	ticket	(٦)
تَسْتَأْجِرُ	rents	(٥)	تَسْتَحِقُّ	(it)deserves	(٤)
تَشْتَرِينَ	you(f.) take	(١)	تَشْتَهِرُ	famous for	(٤)
تَشْرَحُ	explains	(٥)	تَشْعُرُ	feel	(٢)
تَشْغِيلٌ	turning on/starting	(٥)	تُشْفَى	heal, recover	(٢)
تَصُبُّ	It falls	(٤)	تَصْحَبُ	accompany (v)	(٥)
تَطَوَّرَتْ	developed (v)	(٤)	تُعَدُّ	Is considered	(٤)
تَعَرَّفَ	knew/came across	(٤)	تَعَطَّلَتْ	broke down	(٥)
تَعُودُ	retutn/come back	(٣)	تَغْيِيرٌ	change	(١)
تُفَّاحٌ	apples	(٢)	تَفْعَلُ/ تَفْعَلِينَ	you (m./f.) do	(١)
تَفُوتُ	misses	(٤)	تُقَدِّمُ	(v) offers	(٤)
تَقْرِيبًا	almost	(٥)	تَقْسِيطٌ	pay in installments	(١)
تَقْلَقُ	worry	(٢)	تَمْرٌ	dates	(٢)
تَمْلَئِهُ	you fill it	(٦)	تَنْبُعُ	It stems	(٤)

Arabic	English	Lesson	Arabic	English	Lesson
تَنْتَقِلُ	move to	(٥)	تَنُّورَةٌ ج. ـــاتٌ	skirt	(١)
تَوَفَّى	died	(٣)	تَوَقّفَ	stopped	(٣)
تَوْقِيعٌ	signature	(٣)			

ج

Arabic	English	Lesson	Arabic	English	Lesson
جَارٌ	neigbour	(٥)	جَامِعَةُ الْقَاهِرَةِ	Cairo University	(١)
جُبْنٌ	cheese	(٢)	جَرَاثِيمٌ	germs/microbes	(٤)
جَرَتْ	held	(٥)	جُزْءٌ	part	(٤)
جِسْمٌ	body	(٢)	جُنَيْهٌ	Pound (in money)	(٣)
جُنَيْهٌ مِصْرِيٌّ	LE	(٣)	جِهَةٌ	deprt ,authority	(٦)
جِهَةٌ	side/direction	(٥)	جِوَارَ	next to	(٣)
جَوْرَبٌ ج. جَوَارِبُ	socks	(١)	جَوْعَانٌ	hungry	(٢)
جَيِّدٌ	good	(١)			

ح

Arabic	English	Lesson	Arabic	English	Lesson
حَاضِرٌ	Ok, Yes	(٢)	حَالاً	soon	(٢)
حَانَ	time has come	(٢)	حِبْرٌ	ink	(٦)
حِجَابٌ ج. حُجُبٌ،أَحْجِبَةٌ	hijab; veil	(١)	حَدَائِقُ مُنَوَّعَةٌ	many gardens	(٤)
حَدِيقَةٌ	garden	(٢)	حَدِيقَةُ الأَزْبَكِيَّةِ	Azbakia Park	(١)
حَدِيقَةٌ ج. حَدَائِقُ	park	(١)	حَدِيقَةُ حَيَوَانٍ	The zoo	(٤)
حَدِيقَةٌ وَاسِعَةٌ	park huge	(١)	حِذَاءٌ ج. أَحْذِيَةٌ	shoes	(١)

(٦)	Flammable	حَرِيقٌ	(٥)	fire	حَرِيقٌ
(٣)	account fare	حِسَابٌ	(١)	belt	حِزَامٌ ج. أَحْزِمَةٌ
(٢)	injection	حُقْنَةٌ	(٤)	right	حَقٌّ
(٦)	a small bag	حَقِيبَةٌ صَغِيرَةٌ	(٦)	bag	حَقِيبَةٌ
(٢)	candy /sweet	حَلْوَى	(٦)	a large/big bag	حَقِيبَةٌ كَبِيرَةٌ
(٢)	milk	حَلِيبٌ	(٢)	sweet/candy	حَلْوَى
(٣)	about	حَوَالَي	(٢)	toilet/ bath	حَمَّامٌ
(٤)	zoological	حَيَوَانِيَّةٌ	(٢)	when	حِينَ

خ

(٢)	bread	خُبْزٌ	(٣)	free/ not crowded	خَالٍ
(١)	line	خَطٌّ ج. خُطُوطٌ	(٢)	vegetables	خُضَارٌ
(٦)	background	خَلْفِيَّةٌ	(٥)	serious	خَطِيرَةٌ
(٢)	cucumber	خِيَارٌ	(٣)	Khour Maksar	خُورْ مَكْسَر

د

(١)	account book	دَفْتَرُ الْحِسَابِ	(٤)	entrance	دُخُولٌ
(٤)	opening hours	دَوَامٌ	(٢)	paid	دَفَعَ
(٣)	poetry collection	دِيوَانُ شِعْرٍ	(٢)	turn (n)	دَوْرٌ

ر

Arabic	English	Lesson	Arabic	English	Lesson
رَأْسَ كُلِّ نِصْفِ سَاعَةٍ	half-hour every	(٣)	رَاكِبٌ	passenger	(٣)
رَجَعَ	returned	(٣)	رُخْصَةُ الْقِيَادَةِ	driving license	(٣)
رَدَّ	replied	(٥)	رِسَالَةٌ	Letter/thesis	(٦)
رِسَالَةٌ	message	(٢)	رُسُومٌ	fees	(٤)
رُسُومُ الدُّخُولِ	entry fees	(٤)	رَصِيفٌ	platform	(٣)
رَمَادِيٌّ	ash-gray	(١)	رَوَّحْتَ	entertained/ enjoyed	(٤)
رِيَالٌ ج. ـــاتٌ	riyal	(١)			

ز

Arabic	English	Lesson	Arabic	English	Lesson
زُبُونٌ ج. زَبَائِنُ	customer	(١)	زُجَاجَةٌ	bottle	(٢)
زَمَنٌ	time	(٤)	زِيَارَةٌ	visit	(١)
زَيْتُونٌ	olive	(٢)			

س

Arabic	English	Lesson	Arabic	English	Lesson
سَآخُذُ	I will take	(١)	سَاخِنٌ	hot	(٢)
سَأَرَى	will see	(٥)	سَائِقٌ	driver	(٣)
سِبَاحَةٌ	swimming	(٤)	سُرْعَةٌ	speed	(٣)
سُرْعَةٌ	speed	(٢)	سِرْوَالٌ ج. سَرَاوِيلُ	pants, trousers	(١)

(١)	fast	سَرِيعٌ	(٢)	bed	سَرِيرٌ
(٦)	travel	سَفَرٌ	(٣)	Exchange rate	سِعْرُ الصَرْفِ
(٢)	knife	سِكِّينٌ	(٢)	sugar	سُكَّرٌ
(٥)	firearm	سِلَاحٌ نَارِيٌّ	(٥)	knife	سِلَاحٌ أَبْيَضُ
(٦)	safety	سَلَامَةٌ	(٣)	Peace, bye	سَلَامٌ
(٢)	salads	سَلَطَةٌ	(٢)	salad	سَلَطَةٌ
(١)	I heard	سَمِعْتُ	(٦)	allowed	سَمَحَ
(٢)	tourism	سِيَاحَةٌ	(٢)	fish	سَمَكٌ
(٥)	ambulance	سَيَّارَةُ إِسْعَافٍ	(٥)	taxi	سَيَّارَةُ أُجْرَةٍ
			(٥)	private car	سَيَّارَةٌ خَاصَّةٌ

ش

(٢)	tea	شَايٌ	(٢)	beach	شَاطِئٌ
(٥)	someone	شَخْصٌ مَا	(٢)	tree	شَجَرَةٌ
(٢)	drank	شَرِبَ	(٦)	(adj) personal	شَخْصِيَّةٌ
(٤)	poety	شِعْرٌ	(٣)	Poetry	شِعْرٌ
(٤)	longing to	شَوَّقَ	(٤)	appetite	شَهِيَّةٌ
(٤)	built	شَيَّدَ	(٢)	fork	شَوْكَةٌ

ص

(٢)	headache	صُدَاعٌ	(٢)	hall	صَالَةٌ
(٣)	has been published	صَدَرَ	(٥)	accident/collision	صِدَامٌ

صَرْفٌ	exchange (n)	(٣)	صُنْدُوقٌ	box/fund	(٦)
صَنْعَاءُ الْقَدِيمَةُ	Old Sana'a	(٤)	صُوَرٌ شَخْصِيَّةٌ مُلَوَّنَةٌ	colour personal photos	(٦)
صُورَةٌ	photo	(٦)	صُورَةٌ طِبْقُ الْأَصْلِ	copy certified	(٦)
صَيْدَلِيَّةٌ	pharmacy	(٢)			

ض

ضَرِيبَةٌ	tax/vat	(٣)	ضَعْ	place/put	(٦)
ضَمَانٌ	guarantee	(١)	ضَيِّقٌ	narrow	(١)

ط

طَابِعٌ	Stamp	(٣)	طَبَقٌ	dish/plate	(٢)
طَبِيبُ الأَسْنَانِ	dentist	(٢)	طَرْدٌ	Parcel	(٣)
طَرْدٌ	parcel	(٣)	طَرِيقٌ	road	(٥)
طَرِيقٌ	road/street	(٣)	طَعَامٌ	food	(٢)
طَمَاطِمُ	tomatoes	(٢)	طَوَارِئُ	emergency	(٥)
طَيِّبٌ	delicious/ good	(٢)	طَيِّبَةٌ	good	(٤)

ظ

ظَرْفٌ	Envelope	(٣)	ظَرْفٌ خَاصٌّ	especial envelope	(٣)
ظُهْرٌ	noon	(٢)	عَامِلٌ	waiter/worker	(٢)

عَبَرَ	crossed	(٣)	عَبْرَ	via/across	(٥)
عَجَائِبُ الدُّنْيَا السَّبْعُ	Seven Wonders the world of	(٤)	عُدْ بِـــــ	with come back	(٦)
عَدَن	Aden	(٣)	عَذْبٌ	pure	(٤)
عِرَاكٌ	quarrelling	(٥)	عَزْفٌ	playing	(٤)
عَسَلٌ	honey	(٢)	عَشَاءٌ	dinner	(٢)
عَصِيرٌ	juice	(٢)	عَصِيرُ الْبُرْتُقَالِ	orange juice	(٢)
عَطَلٌ	fault/breakdwon	(٥)	عَظَمَةٌ	greatness	(٤)
عَقْدٌ	contract	(٦)	عَقْلٌ	mind	(٤)
عَلَى الْأَكْثَرِ	at most	(٥)	عِمَارَةٌ	architecture	(٢)
عِنَبٌ	grapes	(٢)	عِنْدَكَ حَقٌّ	you are right	(٤)
عِنْدَمَا	when	(٣)	عُنْوَانٌ	address	(٣)
عِيَادَةٌ	Clinic	(٢)			

غ

غَالٍ	expensive	(١)	غَدَاءٌ	lunch	(٢)
غُرْفَةُ الْحَقْنِ	injection room	(٢)	غُرْفَةُ الْقِيَاسِ	fitting room	(١)
غُرْفَةُ الْكَشْفِ	Check up room	(٢)	غَيْرُ بَعِيدٍ	not far/ near/close	(٥)
غَيْرُ مُنَاسِبٌ	Unsuitable	(١)			

ف

فَاتُورَةٌ	bill	(٢)	فَاكِهَةٌ	fruit	(٢)

(٥)	branch	فَرْعٌ	(٤)	opportunity	فُرْصَةٌ
(٤)	subfamily	فَصِيلَةٌ	(١)	dress	فُسْتَانٌ ج. فَسَاتِينُ
(٢)	breakfast	فَطُورٌ	(٢)	preferred	فَضَّلَ
(١)	money	فُلُوسٌ/ نُقُودٌ	(٤)	humour	فُكَاهَةٌ
(٢)	lab technician	فَنِّيُّ مُخْتَبَرٍ	(٢)	cup	فِنْجَانٌ
			(١)	fresh fruits	فَوَاكِهُ طَازَجَةٌ

ق

(١)	hat	قُبَّعَةٌ ج. قُبَّعَاتٌ	(٢)	menu	قَائِمَةُ الطَّعَامِ
(٢)	tablet/pill	قُرْصٌ –أَقْرَاصٌ	(٥)	fighting	قِتَالٌ
(١)	Monthly installment	قِسْطٌ شَهْرِيٌّ	(٢)	tablet/pill	قُرْصٌ –أَقْرَاصٌ
(٤)	Erbil Citadel	قَلْعَةُ إِرْبِيل	(٥)	spare parts	قِطْعَةُ غِيَارٍ
(١)	striped shirt	قَمِيصٌ مُقَلَّمٌ	(١)	shirt	قَمِيصٌ ج. قُمْصَانٌ
			(٢)	coffee/coffee shop	قَهْوَةٌ

ك

(١)	camera	كَامِيرَا	(١)	cash	كَاش/ نَقْدٌ ج. نُقُودٌ
(١)	text books	كُتُبٌ دِرَاسِيَّةٌ	(٢)	kebab	كَبَابٌ
(٢)	Check up	كَشْفٌ	(١)	dark blue, navy blue	كُحْلِيٌّ
(٢)	cup	كُوبٌ	(٥)	electricity	كَهْرَبَاءٌ

ل

لَا بَأْسَ	no problem, good	(٢)	لَا تَتَعَدَّى	does not exceed	(٤)
لَا مُشْكِلَةَ	No problem	(٣)	لَابَ تُوب	laptop	(١)
لَحْمٌ	meat	(٢)	لَذِيذٌ	delicious	(٢)
لَكِنْ	but	(١)	لِلدِّرَاسَةِ فِي الْخَارِجِ	to study abroad	(٦)
لَوْ سَمَحْتَ	please	(٢)	لَيْسَ دَائِمًا	not always	(٤)
لَيْمُونٌ	lemon	(٢)			

م

مَارْكَةٌ ج. ـــاتٌ	brand; mark	(١)	مَاكِينَةٌ	motor/engine	(٥)
مَالِحٌ	salty/ saline	(٤)	مَاهِرٌ	clever, cool	(٢)
مَائِدَةٌ	table	(٢)	مُبَارَكَةٌ	Holy/blessing	(٤)
مُبَاشَرَةً	directly	(٥)	مُبْدِعٌ	creator	(٤)
مَبْرُوكٌ	conglatulation	(١)	مَبْلَغٌ مِنَ الْمَالِ	sum of money	(٣)
مُتَبَقٍّ	remaining	(١)	مِتْرُو	metro	(١)
مِتْرُو	metro/tube / subway	(٥)	مُتْعِبَةٌ	tired	(٤)
مُتْعَةٌ	fun	(٤)	مُتْعَةٌ	joy	(٥)
مُجَمَّعٌ	compound	(٤)	مَجِيءٌ	coming	(٣)
مَحَطَّةٌ	station	(٣)	مَحَطَّةُ الْوُقُودِ	station petrol/fuel	(٥)
مَحَطَّةٌ ج. ـــاتٌ	station	(١)	مَحَطَّةُ كَانْج نَمْ	station Gang-Nam	(١)

(٣)	Al-Kareemi Money exchange	مَحَلُّ الْكَرِيمِي لِلصَّرَّافَةِ	(٥)	shop	مَحَلٌّ
(٤)	protected	مَحْمِيٌّ	(٣)	money exchange (MEs)	مَحَلَّاتُ الصَّرَّافَةِ
(٢)	laboratory	مُخْتَبَرٌ	(٦)	the illegal/against law	مُخَالِفٌ لِلْقَانُونِ
(٦)	drugs	مُخَدِّرَاتٌ	(٦)	specialist	مُخْتَصٌّ
(٢)	sincere	مُخْلِصٌ	(١)	exit; way out	مَخْرَجٌ ج. مَخَارِجُ
(٥)	city ancient/old	مَدِينَةٌ أَثَرِيَّةٌ	(١)	Entrance	مَدْخَلٌ ج. مَدَاخِلُ
(٤)	Kairouan city	مَدِينَةُ الْقَيْرَوَانِ	(٤)	Petra city	مَدِينَةُ الْبَتْرَاءِ
(٦)	official note	مُذَكَّرَةٌ رَسْمِيَّةٌ	(٦)	note	مُذَكَّرَةٌ
(٣)	Sent from	مُرْسِلٌ	(٤)	profitable	مُرْبِحَةٌ
(٦)	candidate	مُرَشَّحٌ	(٣)	sender	مُرْسِلٌ
(٥)	vehicle transport	مَرْكَبَةُ نَقْلٍ	(٥)	vehicle	مَرْكَبَةٌ
(٢)	patient	مَرِيضٌ	(٢)	comfortable	مُرِيحَةٌ
(٥)	Farm	مَزْرَعَةٌ	(٣)	crowded	مُزْدَحِمٌ
(٥)	on the hurry	مُسْتَعْجِلٌ	(٣)	distance	مَسَافَةٌ
(٣)	correct (adj)	مُسْتَوْفَاةٌ	(١)	used	مُسْتَعْمَلٌ
(٣)	pedestrians	مُشَاةٌ	(٣)	Recorded	مُسَجَّلٌ
(١)	problem	مُشْكِلَةٌ ج. مَشَاكِلُ	(٦)	taking part	مُشَارَكَةٌ
(٢)	elevator/lift	مِصْعَدٌ	(٢)	infected/injured	مُصَابٌ
(٦)	airport	مَطَارٌ	(٦)	authentication	مُطَابَقَةٌ
(١)	coat	مِعْطَفٌ ج. مَعَاطِفُ	(١)	suitable, reasonable	مُعْتَدِلٌ

(٤)	valuable information	مَعْلُومَةٌ قَيِّمَةٌ	(٤)	monument /signpos	مَعْلَمٌ
(٤)	useful	مُفِيدٌ/ نَافِعٌ	(٢)	useful	مُفِيدٌ
(١)	size; measuring	مَقَاسٌ ج. ــاتٌ	(١)	bigger size	مَقَاسٌ أَكْبَرُ
(٣)	Telephone call	مُكَالَمَةٌ	(١)	striped	مُقَلَّمٌ
(٢)	pasta	مَكَرُونَةٌ	(٣)	post office	مَكْتَبُ الْبَرِيدِ
(٢)	spoon	مِلْعَقَةٌ	(٦)	navigation	مِلَاحَةٌ
(٥)	funny/interesting	مُمْتِعٌ	(٦)	colour	مُلَوَّنَةٌ
(٢)	corridor	مَمَرٌّ	(٤)	enjoyable	مُمْتِعَةٌ
(٢)	nurse (m)	مُمَرِّضٌ	(٤)	passageway	مَمَرٌّ
			(٦)	forbidden	مَمْنُوعٌ
(٣)	appropriate/ok	مُنَاسِبٌ	(٤)	through which	مِنْ خِلَالِهَا
(٤)	suitable	مُنَاسِبَةٌ	(١)	suitable	مُنَاسِبٌ
(١)	electronic products	مُنْتَجَاتٌ إِلِكْتُرُونِيَّةٌ	(١)	products	مُنْتَجَاتٌ
(٦)	grant/scholarship	مِنْحَةٌ	(٦)	granted	مَنَحَ
(٣)	area	مِنْطَقَةٌ	(٢)	since	مُنْذُ
(٤)	skill superior	مَهَارَةٌ مُحْكَمَةٌ	(٤)	refreshing	مُنْعِشٌ
(١)	I agree	مُوَافِقٌ	(٦)	items	مَوَادٌّ
(٦)	approval	مُوَافَقَةٌ	(٢)	ok, agree	مُوَافِقٌ
(٤)	harmful	مُؤْذِيَةٌ	(٦)	conference	مُؤْتَمَرٌ
(٣)	place/location	مَوْضِعٌ	(٢)	bananas	مَوْزٌ
(٣)	Cashier	مُوَظَّفُ الصِّرَافَةِ	(٣)	banker	مُوَظَّفُ الْبَنْكِ
(١)	Square Tahrir	مَيْدَانُ التَّحْرِيرِ	(٤)	sea water	مِيَاهُ الْبَحْرِ

مَيْدَانٌ ج. مَيَادِينُ	plaza, square	(١)	مِيزَانٌ	Scale	(٣)
مِينَاءٌ	port	(٦)			

ن

نَايٌ	flute	(٤)	نَبَاتِيَّةٌ	botanical	(٤)
نَزَلَ	got off	(٣)	نَزْلَةُ بَرْدٍ	cold	(٢)
نُسْخَةٌ	Copy	(٣)	نَشِيطٌ	active, energetic	(٢)
نَفِذَتْ	sold out	(١)	نُقُودٌ	money	(٣)
نَقِيٌّ	pure/ clean	(٤)	نَوْعٌ	type/kind	(٥)
نَوْعٌ	type	(٢)			

ه

هَاتِفٌ	phone	(٣)	هَدَّأَ	calmed	(٣)
هَدِيَّةٌ	gift/ present	(٢)	هَنَّامْ دُونج	Hannam Dong	(٥)

و

وَاسِعٌ	wide	(١)	وَاقِعٌ	reality	(٣)
وَثَائِقُ	documents	(٦)	وَجْبَةٌ/ أَكْلَةٌ	meal	(٢)
وَزْنٌ زَائِدٌ	extra weight	(٦)	وَصَلْتَ	reached	(٤)
وَقَعَ	happened	(٥)	وُقُودٌ	fuel	(٥)
وَلَوْ سَاعَة	an hour if only	(٤)	وُونْ	Won	(٣)

وِي دِي أَب — Oeade (٥)

ي

Arabic	English	Lesson	Arabic	English	Lesson
يُبارِكُ	he blesses	(١)	يَبْدُو	(seems s (v	(٤)
يَتَأَكَّدُ	makes sure	(٥)	يَجِبُ	must	(٢)
يُجَرِّبُ	tries	(٥)	يَخْطِرُ	comes to mind	(٤)
يُرْسِلُ	send	(٣)	يَسْتَعِيرُ	borrows	(٥)
يَسْتَغْرِقُ	takes	(٣)	يَسْتَلِمُ	receive	(٣)
يَسْتَيْقِظُ	wakes up	(٢)	يَشْرِفُ	supervise	(٢)
يَشْكُرُ	thanks (v)	(٥)	يَضَعُ	puts	(٣)
يَطْلُبُ	asks	(٣)	يُغْلِقُ	Close	(٣)
يَفْحَصُ	examines	(٥)	يُقَدِّمُ	he offers	(٢)
يُكَلِّفُ	It costs	(٣)	يَمُرُّ	pass	(٢)
يَمُرُّ	passes	(٥)	يَنْصَرِفُ	leaves (v)	(٥)
يُوصِلُ	connects/takes	(٥)	يُوَقِّعُ	Sign	(٣)
يُونج إِن	Yong-in	(٥)			

English - Arabic Glossary

قاموس إنجليزي - عربي

- Numbers refer to the unit in which the word was introduced.

A

English	Unit	Arabic	English	Unit	Arabic
small bag a	(٦)	حَقِيبَةٌ صَغِيرَةٌ	large/big bag a	(٦)	حَقِيبَةٌ كَبِيرَةٌ
accident/collision	(٥)	صِدَامٌ	about	(٣)	حَوَالَي
account book	(١)	دَفْتَرُ الْحِسَابِ	(v) accompany	(٥)	تَصْحَبُ
address	(٣)	عُنْوَانٌ	active, energetic	(٢)	نَشِيطٌ
Administration	(٥)	إِدَارَةٌ	Aden	(٣)	عَدَن
agreed	(٤)	اِتَّفَقَ	reaching after	(٥)	بَعْدَ الْوُصُولِ إِلَى
Mosque Al-Aqsa	(٤)	اَلْمَسْجِدُ الْأَقْصَى	airport	(٦)	مَطَارٌ
allowed	(٦)	سَمَحَ	Al-Kareemi Money exchange	(٣)	مَحَلُّ الْكَرِيمِي لِلصَّرَّافَةِ
already	(٤)	بِالْفِعْلِ	almost	(٥)	تَقْرِيبًا
amount required	(٣)	اَلْمَبْلَغُ الْمَطْلُوبُ	ambulance	(٥)	سَيَّارَةُ إِسْعَافٍ
appetite	(٤)	شَهِيَّةٌ	city ancient/old	(٥)	مَدِينَةٌ أَثَرِيَّةٌ
form application	(٦)	إِسْتِمَارَةُ الطَّلَبِ	apples	(٢)	تُفَّاحٌ
appropriate/ok	(٣)	مُنَاسِبٌ	for applying	(٦)	إِسْتِخْرَاجٌ
Arabic	(٦)	اَلْعَرَبِيُّ	approval	(٦)	مُوَافَقَةٌ
architecture	(٢)	عِمَارَةٌ	archeological	(٤)	أَثَرِيٌّ

ash-gray	(١)	رَمَادِيٌّ	area	(٣)	مِنْطَقَةٌ
most at	(٥)	عَلَى الْأَكْثَرِ	asks	(٣)	يَطْلُبُ
ate	(٢)	أَكَلَ	At the moment	(٣)	اَلْوَقْتُ الْحَالِي
AUC University	(١)	اَلْجَامِعَةُ الْأَمْرِيكِيَّةُ فِي الْقَاهِرَةِ	Attaba	(١)	اَلْعَتَبَةُ
deprt ,authority	(٦)	جِهَةٌ	authentication	(٦)	مُطَابَقَةٌ
Azbakia Park	(١)	حَدِيقَةُ الأَزْبَكِيَّةِ	avoid	(٢)	تَجَنَّبْ

B

bag	(٦)	حَقِيبَةٌ	background	(٦)	خَلْفِيَّةٌ
bank	(٣)	بَنْكٌ	bananas	(٢)	مَوْزٌ
carful be	(٦)	إِنْتَبِهْ	banker	(٣)	مُوَظَّفُ الْبَنْكِ
bed	(٢)	سَرِيرٌ	beach	(٢)	شَاطِئٌ
between	(٥)	بَيْنَهُمَا	belt	(١)	حِزَامٌ ج. أَحْزِمَةٌ
bigger/greater	(٤)	أَكْبَرُ	bigger size	(١)	مَقَاسٌ أَكْبَرُ
black	(١)	أَسْوَدُ f. سَوْدَاءُ	bill	(٢)	فَاتُورَةٌ
blue	(١)	أَزْرَقُ f. زَرْقَاءُ	blouse	(١)	بلُوزَةٌ ج. ــاتٌ
borrows	(٥)	يَسْتَعِيرُ	body	(٢)	جِسْمٌ
bottle	(٢)	زُجَاجَةٌ	botanical	(٤)	نَبَاتِيَّةٌ
box/fund	(٦)	صُنْدُوقٌ	bottom of the page	(٣)	أَسْفَلُ الْوَرَقَةِ
brand; mark	(١)	مَارْكَةٌ ج. ــاتٌ	branch	(٥)	فَرْعٌ
breakfast	(٢)	فَطُورٌ	bread	(٢)	خُبْزٌ
brown	(١)	بُنِّيٌّ	down broke	(٥)	تَعَطَّلَتْ

but	لَكِنْ	(١)	built	شَيَّدَ	(٤)

C

call/ contact (imp)	إِتَّصِلْ	(٢)	Cairo University	جَامِعَةُ الْقَاهِرَةِ	(١)
calmed	هَدَّأَ	(٣)	(v) calls	تَتَّصِلُ	(٥)
candidate	مُرَشَّحٌ	(٦)	camera	كَاميرَا	(١)
card	بِطَاقَةٌ	(٦)	card	بِطَاقَةٌ ج. ــاتٌ، ــائِقُ	(١)
Cashier	مُوَظَّفُ الصِّرَافَةِ	(٣)	cash	كَاش/ نَقْدٌ ج. نُقُودٌ	(١)
challenge	تَتَحَدَّى	(٤)	copy certified	صُورَةٌ طِبْقَ الْأَصْلِ	(٦)
change (n)	بَاقِي	(٣)	change	تَغْيِيرٌ	(١)
cheaper	أَرْخَصُ	(٤)	cheap prices	أَسْعَارٌ رَخِيصَةٌ	(١)
Check up room	غُرْفَةُ الْكَشْفِ	(٢)	Check up	كَشْفٌ	(٢)
road circular/ring	اَلطَّرِيقُ الدَّائِرِيُّ	(٥)	cheese	جُبْنٌ	(٢)
Clinic	عِيَادَةٌ	(٢)	clever, cool	مَاهِرٌ	(٢)
road coastal	اَلطَّرِيقُ الْبَحْرِيُّ	(٥)	Close	يُغْلِقُ	(٣)
code/ pin	اَلرَّقْمُ السِّرِّيُّ	(٣)	coat	مِعْطَفٌ ج. مَعَاطِفُ	(١)
cold	نَزْلَةُ بَرْدٍ	(٢)	coffee/coffee shop	قَهْوَةٌ	(٢)
collapse	إِنْهِيَارٌ	(٥)	cold	بَرْدٌ	(٢)
back with come	عُدْ بِــــ	(٦)	colour	مُلَوَّنَةٌ	(٦)
comfortable	مُرِيحَةٌ	(٢)	to mind comes	يَخْطِرُ	(٤)

completing	اِسْتِكْمَالٌ	(٦)	coming	مَجِيءٌ	(٣)
conference	مُؤْتَمَرٌ	(٦)	compound	مُجَمَّعٌ	(٤)
connects/takes	يُوصِلُ	(٥)	conglatulation	مَبْرُوكٌ	(١)
Copy	نُسْخَةٌ	(٣)	contract	عَقْدٌ	(٦)
corridor	مَمَرٌّ	(٢)	correct (adj)	مُسْتَوْفَاةٌ	(٣)
country	بَلَدٌ	(٦)	count/check	تَحْسِبُ	(٣)
creativity	إِبْدَاعٌ	(٤)	courier/express mail	اَلْبَرِيدُ السَّرِيعُ	(٣)
(imp) cross	اُعْبُرْ	(٥)	creator	مُبْدِعٌ	(٤)
crowded	مُزْدَحِمٌ	(٣)	crossed	عَبَرَ	(٣)
cup	كُوبٌ	(٢)	cucumber	خِيَارٌ	(٢)
customer	زُبُونٌ ج. زَبَائِنُ	(١)	cup	فِنْجَانٌ	(٢)

D

dates	تَمْرٌ	(٢)	dark blue, navy blue	كُحْلِيٌّ	(١)
delicious	لَذِيذٌ	(٢)	deal with	تَتَعَامَلُ	(٣)
dentist	طَبِيبُ الأَسْنَانِ	(٢)	delicious/ good	طَيِّبٌ	(٢)
developed (v)	تَطَوَّرَتْ	(٤)	(it)deserves	تَسْتَحِقُّ	(٤)
dinner	عَشَاءٌ	(٢)	died	تَوَفَّى	(٣)
dish/plate	طَبَقٌ	(٢)	directly	مُبَاشَرَةً	(٥)
documents	وَثَائِقُ	(٦)	distance	مَسَافَةٌ	(٣)
drank	شَرِبَ	(٢)	does not exceed	لَا تَتَعَدَّى	(٤)
driver	سَائِقٌ	(٣)	dress	فُسْتَانٌ ج. فَسَاتِينُ	(١)

drugs	مُخَدِّرَاتٌ	(٦)	driving license	رُخْصَةُ الْقِيَادَةِ	(٣)
dry	نَاشِفٌ	(٦)			

E

electrical	الْكَهْرَبَائِيّ	(٥)	eggs	بَيْضٌ	(٢)
electronic	إِلِكْتُرُونِيٌّ	(١)	electricity	كَهْرَبَاءٌ	(٥)
elevator/lift	مِصْعَدٌ	(٢)	electronic products	مُنْتَجَاتٌ إِلِكْتُرُونِيَّةٌ	(١)
emergency	طَوَارِئُ	(٥)	embodies	تُجَسِّدُ	(٤)
employment	الْعَمَلُ	(٦)	admins emergency	إِدَارَةُ الطَّوَارِئِ	(٥)
entered	أَدْخَلْتُ	(٢)	enjoyable	مُمْتِعَةٌ	(٤)
entrance	مَدْخَلٌ ج. مَدَاخِلُ	(١)	Entertained / enjoyed	رَوَّحْتَ	(٤)
entry fees	رُسُومُ الدُّخُولِ	(٤)	entrance	دُخُولٌ	(٤)
Envelope	ظَرْفٌ	(٣)	entry/access Card	بِطَاقَةُ الدُّخُولِ	(٦)
especial envelope	ظَرْفٌ خَاصٌّ	(٣)	Citadel Erbil	قَلْعَةُ إِرْبِيل	(٤)
half-hour every	رَأْسَ كُلِّ نِصْفِ سَاعَةٍ	(٣)	Etaewon	إِي تِيه وُون	(٥)
exceeds (v)	تَتَعَدَّى	(٤)	examines	يَفْحَصُ	(٥)
Exchange rate	سِعْرُ الصَرْفِ	(٣)	exchange (n)	صَرْفٌ	(٣)
exit; way out	مَخْرَجٌ ج. مَخَارِجُ	(١)	exchange(imp)	اِصْرِفْ	(٣)
explains	تَشْرَحُ	(٥)	expensive	غَالٍ	(١)
fire extinguishing	إِطْفَاءٌ	(٥)	Express bus	أُوتُوبِيسٌ سَرِيعٌ	(١)
weight extra	وَزْنٌ زَائِدٌ	(٦)			

F

fare	أُجْرَةٌ	(٣)	famous for	تَشْتَهِرُ	(٤)
Farm	مَزْرَعَةٌ	(٥)	account fare	حِسَابٌ	(٣)
faster	أَسْرَعُ	(٤)	fast	سَرِيعٌ	(١)
feel	تَشْعُرُ	(٢)	fault/breakdwon	عَطَلٌ	(٥)
fighting	قِتَالٌ	(٥)	fees	رُسُومٌ	(٤)
fire	حَرِيقٌ	(٥)	fill	اِمْلَأْ	(٦)
line first	اَلْخَطُّ الْأَوَّلُ	(٥)	firearm	سِلَاحٌ نَارِيٌّ	(٥)
fitting room	غُرْفَةُ الْقِيَاسِ	(١)	fish	سَمَكٌ	(٢)
flute	نَايٌ	(٤)	Flammable	حَرِيقٌ	(٦)
forbidden	مَمْنُوعٌ	(٦)	food	طَعَامٌ	(٢)
fork	شَوْكَةٌ	(٢)	foreign	أَجْنَبِيٌّ	(٢)
free/ not crowded	خَالٍ	(٣)	form	اِسْتِمَارَةٌ	(٦)
fruit	فَاكِهَةٌ	(٢)	fresh fruits	فَوَاكِهُ طَازَجَةٌ	(١)
fun	مُتْعَةٌ	(٤)	fuel	وُقُودٌ	(٥)
funny/interesting	مُمْتِعٌ	(٥)			

G

garden	حَدِيقَةٌ	(٢)	Gang-Nam station	مَحَطَّةُ كَانْج نَمْ	(١)
gift/ present	هَدِيَّةٌ	(٢)	germs/microbes	جَرَاثِيمُ	(٤)
good	طَيِّبَةٌ	(٤)	good	جَيِّدٌ	(١)
grant/scholarship	مِنْحَةٌ	(٦)	got off	نَزَلَ	(٣)

grapes	عِنَبٌ	(٢)	granted	مَنَحَ	(٦)
green	أَخْضَرُ f. خَضْرَاءُ	(١)	greatness	عَظَمَةٌ	(٤)
guarantee	ضَمَانٌ	(١)	Mountain Green	اَلْجَبَلُ الْأَخْضَرُ	(٤)

H

Dong Hannam	هَنَّامْ دُونْج	(٥)	hall	صَالَةٌ	(٢)
happier, luckier	أَسْعَدُ	(١)	happened	وَقَعَ	(٥)
has been published	صَدَرَ	(٣)	harmful	مُؤْذِيَةٌ	(٤)
having (blood/urine) test	إِجْرَاءُ تَحْلِيلٍ-	(٢)	hat	قُبَّعَةٌ ج. قُبَّعَاتٌ	(١)
he blesses	يُبَارِكُ	(١)	having (blood/urine) test	إِجْرَاء فَحْصٍ	(٢)
headache	صُدَاعٌ	(٢)	he offers	يُقَدِّمُ	(٢)
held	جَرَتْ	(٥)	heal, recover	تُشْفَى	(٢)
high waves	بَحْرٌ هَائِجٌ	(٤)	high temperature	اِرْتِفَاعُ دَرَجَةِ حَرَارَةِ الْجِسْمِ	(٢)
hijab; veil	حِجَابٌ ج. حُجُبٌ،أَحْجِبَةٌ	(١)	higher	أَعْلَى	(٤)
Ka'aba Holy	اَلْكَعْبَةُ الشَّرِيفَةُ	(٤)	history	تَارِيخٌ	(٤)
honey	عَسَلٌ	(٢)	Holy/blessing	مُبَارَكَةٌ	(٤)
park huge	حَدِيقَةٌ وَاسِعَةٌ	(١)	hot	سَاخِنٌ	(٢)
hungry	جَوْعَانُ	(٢)	humour	فُكَاهَةٌ	(٤)

I

I agree	مُوَافِقٌ	(١)	I bought	إِشْتَرَيْتُ	(١)
I come	آتِي	(٣)	I heard	سَمِعْتُ	(١)
I look for	أَبْحَثُ عَنْ	(١)	I pay	أَدْفَعُ	(١)
I record/ register	أُسَجِّلُ	(٢)	I suffer	أُعَانِي	(٢)
I suggest	أَقْتَرِحُ	(٤)	I think	أَظُنُّ	(٥)
wait I	أَنْتَظِرُ	(٥)	I will take	سَآخُذُ	(١)
ID	بِطَاقَةُ الْهَوِيَّةِ	(٣)	ID card	بِطَاقَةٌ شَخْصِيَّةٌ	(١)
an hour if only	وَلَوْ سَاعَةً	(٤)	the illegal/against law	مُخَالِفٌ لِلْقَانُونِ	(٦)
imprint	بَصْمَةٌ	(٦)	Include(m./f.)	يَضُمُّ/ تَحْوِي	(٤)
zone Indisturial	اَلْمِنْطَقَةُ الصِّنَاعِيَّةُ	(٥)	infected/injured	مُصَابٌ	(٢)
injection	حُقْنَةٌ	(٢)	injection room	غُرْفَةُ الْحَقْنِ	(٢)
ink	حِبْرٌ	(٦)	Is considered	تُعَدُّ	(٤)
It costs	يُكَلِّفُ	(٣)	It falls	تَصُبُّ	(٤)
It stems	تَنْبُعُ	(٤)	items	مَوَادٌّ	(٦)

J

joy	مُتْعَةٌ	(٥)	juice	عَصِيرٌ	(٢)

K

city Kairouan	مَدِينَةُ الْقَيْرَوَانِ	(٤)	kebab	كَبَابٌ	(٢)

Khour Maksar	(٣) خُورْ مَكْسَر	across knew/came	(٤) تَعَرَّفَ
knife	(٢) سِكِّينٌ	knife	(٥) سِلَاحٌ أَبْيَضُ

L

lab technician	(٢) فَنِّيُّ مُخْتَبَرٍ	laboratory	(٢) مُخْتَبَرٌ
laptop	(١) لَاَبْ تُوب	LE	(٣) جُنَيْهٌ مِصْرِيٌّ
(v) leaves	(٥) يَنْصَرِفُ	(v) Left	(٦) بَقِيَ
lemon	(٢) لَيْمُونٌ	Letter/thesis	(٦) رِسَالَةٌ
liked, enjoyed	(٢) إِسْتَطَابَ	line	(١) خَطٌّ ج. خُطُوطٌ
literature	(٦) أَدَبٌ	longer/taller	(٤) أَطْوَلُ
to longing	(٤) شَوَّقَ	lower	(٤) أَدْنَى
lunch	(٢) غَدَاءٌ		

M

majority	(٥) أَغْلَبُ	sure makes	(٥) يَتَأَكَّدُ
Mansoura	(٥) اَلْمَنْصُورَةُ	many gardens	(٤) حَدَائِقُ مُنَوَّعَةٌ
masters (v)	(٤) تُجِيدُ	meal	(٢) وَجْبَةٌ/ أَكْلَةٌ
meat	(٢) لَحْمٌ	menu	(٢) قَائِمَةُ الطَّعَامِ
merchant	(١) بَائِعٌ ج. ـونَ	message	(٢) رِسَالَةٌ
metro	(١) مِتْرُو	metro/tube / subway	(٥) مِتْرُو
milk	(٢) حَلِيبٌ	mind	(٤) عَقْلٌ
mind/thinking	(٤) بَالٍ	misses	(٤) تَفُوتُ

money	نقودٌ	(٣)	money	أَمْوَالٌ	(٦)
money	فُلوسٌ/ نُقُودٌ	(١)	money exchange (MEs)	مَحلّاتُ الصرّافَةِ	(٣)
Monthly installment	قِسطٌ شَهْرِيٌ	(١)	monument/signpost	مَعْلَمٌ	(٤)
more	أَكْثَرُ	(٤)	more beautiful	أَجْمَلُ	(٤)
more expensive	أَغلَى	(٤)	than one more journey	أَكْثَرُ مِنْ رِحْلَةٍ	(٥)
motor/engine	مَاكِينَةٌ	(٥)	move to	تَنْتَقِلُ	(٥)
moved	تَحَرَّكَ	(٣)	must	يَجِبُ	(٢)

N

narrow	ضَيِّقٌ	(١)	navigation	مِلَاحَةٌ	(٦)
needs	تَحْتَاجُ	(٥)	neigbour	جَارٌ	(٥)
next to	جِوارَ	(٣)	No problem	لَا مُشْكِلَةَ	(٣)
no problem, good	لاَ بَأْسَ	(٢)	noon	ظُهْرٌ	(٢)
not always	لَيْسَ دَائمًا	(٤)	not far/ near/close	غَيْرُ بَعِيدٍ	(٥)
note	مُذَكِّرَةٌ	(٦)	nurse (f)	مُمَرِّضَةٌ	(٢)
(nurse (m	مُمَرِّضٌ	(٢)			

O

Oeade	وِي دِي أَب	(٥)	(v)offers	تُقَدِّمُ	(٤)
note official	مُذَكَّرَةٌ رَسْمِيَّةٌ	(٦)	ok, agree	مُوَافِقٌ	(٢)
ok, yes	حَاضِرٌ	(٢)	Old Sana'a	صَنْعَاءُ الْقَدِيمَةُ	(٤)
olive	زَيْتُونٌ	(٢)	the hurry on	مُسْتَعْجِلٌ	(٥)

opening hours	دَوَامٌ	(٤)	opportunity	فُرْصَةٌ	(٤)
orange	بُرْتُقَالٌ	(٢)	orange juice	عَصِيرُ الْبُرْتُقَالِ	(٢)
copy original	أَصْلٌ	(٦)			

P

paid	دَفَعَ	(٢)	pain	الأَلَمُ	(٢)
pain-killers	أَقْرَاصٌ مُسَكِّنَةٌ	(٢)	pants, trousers	بَنْطَلُون ج. ـــاتٌ	(١)
pants, trousers	سِرْوَالٌ ج. سَرَاوِيلُ	(١)	Parcel	طَرْدٌ	(٣)
parcel	طَرْدٌ	(٣)	park	حَدِيقَةٌ ج. حَدَائِقُ	(١)
part	جُزْءٌ	(٤)	pass	يَمُرُّ	(٢)
passageway	مَمَرٌّ	(٤)	passenger	رَاكِبٌ	(٣)
passes	يَمُرُّ	(٥)	pasta	مَكَرُونَةٌ	(٢)
patient	مَرِيضٌ	(٢)	pay in installments	تَقْسِيطٌ	(١)
Peace, bye	سَلَامٌ	(٣)	pedestrians	مُشَاةٌ	(٣)
Umrah performing	أَدَاءُ الْعُمْرَةِ	(٤)	(adj) personal	شَخْصِيَّةٌ	(٦)
colour personal photos	صُوَرٌ شَخْصِيَّةٌ مُلَوَّنَةٌ	(٦)	photo personal	بِطَاقَةٌ شَخْصِيَّةٌ	(٦)
Petra city	مَدِينَةُ الْبَتْرَاءِ	(٤)	station petrol/fuel	مَحَطَّةُ الْوُقُودِ	(٥)
pharmacy	صَيْدَلِيَّةٌ	(٢)	phone	هَاتِفٌ	(٣)
photo	صُورَةٌ	(٦)	physician	اَلطَّبِيبُ الْمُعَالِجُ	(٢)
piano	بِيَانُو	(٤)	place/location	مَوْضِعٌ	(٣)
place/put	ضَعْ	(٦)	platform	رَصِيفٌ	(٣)

playing	عَزْفٌ	(٤)	playing on the flute	اَلْعَزْفُ عَلَى النَّايِ	(٤)
plaza, square	مَيْدَانٌ ج. مَيَادِينُ	(١)	please	لَوْ سَمَحْتَ	(٢)
Poetry	شِعْرٌ	(٣)	poetry collection	دِيوَانُ شِعْرٍ	(٣)
poety	شِعْرٌ	(٤)	port	مِينَاءٌ	(٦)
possibility	إِمْكَانِيَّةٌ	(٣)	post office	مَكْتَبُ الْبَرِيدِ	(٣)
potato	بَطَاطِسُ	(٢)	Pound (in money)	جُنَيْهٌ	(٣)
preferred	فَضَّلَ	(٢)	prescription	اَلْوَصْفَةُ الطِّبِّيَّةُ	(٢)
car private	سَيَّارَةٌ خَاصَّةٌ	(٥)	problem	مُشْكِلَةٌ ج. مَشَاكِلُ	(١)
procedure	إِجْرَاءٌ	(٦)	products	مُنْتَجَاتٌ	(١)
profitable	مُرْبِحَةٌ	(٤)	protected	مَحْمِيٌّ	(٤)
pure	عَذْبٌ	(٤)	pure/ clean	نَقِيٌّ	(٤)
puts	يَضَعُ	(٣)			

Q

quarrelling	عِرَاكٌ	(٥)			

R

reached	وَصَلْتَ	(٤)	reality	وَاقِعٌ	(٣)
actually ,really	بِحَقٍّ	(٤)	receipt	إِيصَالٌ	(٣)
receipt	اَلْإِيصَالُ	(٣)	receive	يَسْتَلِمُ	(٣)
received/met/ introduced	إِسْتَقْبَلْتَ	(٢)	recipient/ consignee	اَلْمُرْسَلُ إِلَيْهِ	(٣)
Recorded	مُسَجَّلٌ	(٣)	red	أَحْمَرُ f. حَمْرَاءُ	(١)

English	Arabic	Lesson	English	Arabic	Lesson
refreshing	مُنْعِشٌ	(٤)	regular mail	اَلْبَرِيدُ الْعَادِيُّ	(٣)
remaining	مُتَبَقٍّ	(١)	rents	تَسْتَأْجِرُ	(٥)
repair	إِصْلَاحٌ	(٥)	replied	رَدَّ	(٥)
required data	اَلْبَيَانَاتُ الْمَطْلُوبَةُ	(٣)	required information	المَعْلُومَاتُ المَطْلُوبَةُ	(٣)
required medications	أَدْوِيَةٌ مَطْلُوبَةٌ	(٢)	residency card	بِطَاقَةُ إِقَامَةٍ	(٦)
returned	رَجَعَ	(٣)	sit down /rest	إِسْتَرِحْ	(٥)
rice	أُرْزٌ	(٢)	retutn/come back	تَعُودُ	(٣)
riyal	رِيَالٌ ج. ـــاتٌ	(١)	right	حَقٌّ	(٤)
road/street	طَرِيقٌ	(٣)	road	طَرِيقٌ	(٥)

S

English	Arabic	Lesson	English	Arabic	Lesson
safety	سَلَامَةٌ	(٦)	salad	سَلَطَةٌ	(٢)
salads	سَلَطَةٌ	(٢)	salty/ saline	مَالِحٌ	(٤)
Scale	مِيزَانٌ	(٣)	sea water	مِيَاهُ الْبَحْرِ	(٤)
(seems s (v	يَبْدُو	(٤)	send	يُرْسِلُ	(٣)
sender	مُرْسِلٌ	(٣)	sending	إِرْسَالٌ	(٢)
Sent from	مُرْسِلٌ	(٣)	serious	خَطِيرَةٌ	(٥)
Seven Wonders of the world	عَجَائِبُ الدُّنيَا اَلسَّبْعُ	(٤)	shirt	قَمِيصٌ ج. قُمْصَانٌ	(١)
shoes	حِذَاءٌ ج. أَحْذِيَةٌ	(١)	shop	مَحَلٌّ	(٥)
show	اَعْرِضْ	(٦)	lights side	إِشَارَةُ ضَوْءٍ	(٥)
side/direction	جِهَةٌ	(٥)	Sign	يُوَقِّعُ	(٣)

signature	تَوْقِيعٌ	(٣)	simple	بَسِيطٌ	(١)
since	مُنْذُ	(٢)	sincere	مُخْلِصٌ	(٢)
down Sit	اِجْلِسْ	(٦)	Line sixth	اَلْخَطُّ السَّادِسُ	(٥)
size; measuring	مَقَاسٌ ج. ـــاتٌ	(١)	skirt	تَنُّورَةٌ ج. ـــاتٌ	(١)
slowed down	أَبْطَأَ	(٣)	smaller/shorter	أَصْغَرُ	(٤)
smarter	أَذْكَى	(٤)	smoking	تَدْخِينٌ	(٢)
smoking cigarettes	تَدْخِينُ السَّجَائِرِ	(٢)	socks	جَوْرَبٌ ج. جَوَارِبُ	(١)
sold out	نَفِذَتْ	(١)	someone	شَخْصٌ مَا	(٥)
soon	حَالاً	(٢)	parts spare	قِطْعَةُ غِيَارٍ	(٥)
specialist	مُخْتَصٌّ	(٦)	speed	سُرْعَةٌ	(٢)
speed	سُرْعَةٌ	(٣)	spoon	مِلْعَقَةٌ	(٢)
Stamp	طَابِعٌ	(٣)	station	مَحَطَّةٌ ج. ـــاتٌ	(١)
station	مَحَطَّةٌ	(٣)	Stay/residency	إِقَامَةٌ	(٦)
stopped	أَوْقَفَ	(٢)	stopped	تَوَقَّفَ	(٣)
striped	مُقَلَّمٌ	(١)	striped shirt	قَمِيصٌ مُقَلَّمٌ	(١)
subfamily	فَصِيلَةٌ	(٤)	sugar	سُكَّرٌ	(٢)
suitable	مُنَاسِبٌ	(١)	suitable	مُنَاسِبَةٌ	(٤)
suitable, reasonable	مُعْتَدِلٌ	(١)	sum of money	مَبْلَغٌ مِنَ الْمَالِ	(٣)
skill superior	مَهَارَةٌ مُحْكَمَةٌ	(٤)	supervise	يُشْرِفُ	(٢)
sweet/ candy	حَلْوَى	(٢)	sweet/candy	حَلْوَى	(٢)
swimming	سِبَاحَةٌ	(٤)			

T

English	Arabic	Lesson	English	Arabic	Lesson
table	مَائِدَةٌ	(٢)	tablet/pill	قُرْصٌ -أَقْرَاصٌ	(٢)
Square Tahrir	مَيْدَانُ التَّحْرِيرِ	(١)	takes	يَسْتَغْرِقُ	(٣)
part taking	مُشَارَكَةٌ	(٦)	tax/vat	ضَرِيبَةٌ	(٣)
taxi	سَيَّارَةُ أُجْرَةٍ	(٥)	tea	شَايٌ	(٢)
Telephone call	مُكَالَمَةٌ	(٣)	text books	كُتُبٌ دِرَاسِيَّةٌ	(١)
(v) thanks	يَشْكُرُ	(٥)	the greatest	أَعْظَمُ	(٤)
pyramids the	اَلْأَهْرَامُ	(٤)	the same line	اَلْخَطُّ نَفْسُهُ	(١)
the same station	اَلْمَحَطَّةُ نَفْسُهَا	(١)	The zoo	حَدِيقَةُ حَيَوَانٍ	(٤)
third floor	الدَوْرُ الثَالِثُ	(٢)	which through	مِنْ خِلَالِهَا	(٤)
ticket	تَذْكَرَةٌ	(٦)	time	زَمَنٌ	(٤)
time has come	حَانَ	(٢)	tired	مُتْعِبَةٌ	(٤)
to study abroad	لِلدِّرَاسَةِ فِي الْخَارِجِ	(٦)	toilet/ bath	حَمَّامٌ	(٢)
tomatoes	طَمَاطِمُ	(٢)	took	أَخَذَ	(٢)
tourism	سِيَاحَةٌ	(٢)	trade	تِجَارَةٌ	(٦)
traffic light	إِشَارَةُ المُرُورِ	(٣)	vehicle transport	مَرْكَبَةُ نَقْلٍ	(٥)
travel	سَفَرٌ	(٦)	tree	شَجَرَةٌ	(٢)
tries	يُجَرِّبُ	(٥)	turn (n)	دَوْرٌ	(٢)
on/starting turning	تَشْغِيلٌ	(٥)	type	نَوْعٌ	(٢)
type/kind	نَوْعٌ	(٥)			

U

Mosque Umayyad	اَلْجَامِعُ الْأُمَوِيُّ	(٤)	University	اَلْجَامِعَةُ	(٦)
Unsuitable	غَيْرُ مُنَاسِبٌ	(١)	used	مُسْتَعْمَلٌ	(١)
useful	مُفِيدٌ	(٢)	useful	مُفِيدٌ/ نَافِعٌ	(٤)

V

valuable information	مَعْلُومَةٌ قَيِّمَةٌ	(٤)	vegetables	خُضَارٌ	(٢)
vehicle	مَرْكَبَةٌ	(٥)	via/across	عَبْرَ	(٥)
visit	زِيَارَةٌ	(١)			

W

waited	اِنْتَظَرَ	(٢)	waiter/worker	عَامِلٌ	(٢)
wakes up	يَسْتَيْقِظُ	(٢)	(imp) walk	اِمْشِ	(٥)
walking/roaming	تَجَوُّلٌ	(٤)	surprised was	اِنْدَهَشَ	(٤)
injured was/were	أُصِيبَ	(٥)	went quickly	أَسْرَعَ	(٣)
when	حِينَ	(٢)	when	عِنْدَمَا	(٣)
white	أَبْيَضُ f. بَيْضَاءُ	(١)	wide	وَاسِعٌ	(١)
see will	سَأَرَى	(٥)	Won	وُونْ	(٣)
scholarship won	اِبْتَعَثَتْ	(٦)	worry	تَقْلَقُ	(٢)

Y

yellow	أَصْفَرُ f. صَفْرَاءُ	(١)	Yemeni Riyal	اَلرِّيَالُ الْيَمَنِيّ	(٣)
Yong-in	يُونج إِن	(٥)	you (m./f.) do	تَفْعَلُ/ تَفْعَلِينَ	(١)
you are right	عِنْدَكَ حَقٌّ	(٤)	you fill it	تَمْلَئَهُ	(٦)
you(f.) take	تَشْتَرِينَ	(١)			

Z

zoological	حَيَوَانِيَّةٌ	(٤)

POWER ARABIC CONVERSATION 2

초판 인쇄 2015년 2월 21일
초판 발행 2015년 2월 28일

지 은 이 • Youngtae LEE · Abdulkareem Assad · Suwan KIM · Mohamed Elaskary
발 행 인 • 김 인 철
발 행 처 • 한국외국어대학교 지식출판원
130-791 서울시 동대문구 이문로 107
전화 (02)2173-2495~7
팩스 (02)2173-3363
홈페이지 http://press.hufs.ac.kr
전자우편 press@hufs.ac.kr
출판등록 • 제6-6호(1969. 4. 30)
디 자 인 • 디자인퍼브 02)2254-4308
인쇄 · 제본 • 현문자현 031)902-1424

ISBN 978-89-7464-973-9 14790 정가 23,000원
ISBN 978-89-7464-974-6 (세트)

* 잘못된 책은 교환하여 드립니다.

HU:iNE 은 한국외국어대학교 지식출판원의 어학도서, 사회과학도서, 지역학 도서 Sub Brand이다. 한국외대의 영문명인 HUFS, 현명한 국제전문가 양성(International+Intelligent)의 의미를 담고 있으며, 휴인(携引)의 뜻인 '이끌다, 끌고 나가다'라는 의미처럼 출판계를 이끄는 리더로서, 혁신의 이미지를 담고 있다.

* 이 책의 음원(mp3)은 한국외국어대학교 지식출판원 홈페이지(press.hufs.ac.kr)–게시판 – 자료실에서 다운받아 사용하시기 바랍니다.